449

Rosi Braidotti

Politik der Affirmation

Aus dem Englischen von Elisa Barth

Merve Verlag

»The Ethics of Becoming Imperceptible«, in: Constantin V. Boundas (Hg.), *Deleuze and Philosophy*, Edinburgh University Press, Edinburgh 2006. S. 133-159. © Rosi Braidotti
»Intensive Genre and the Demise of Gender«, in: *Angelaki*, Bd. 13, Nr. 2, S. 45-57, August 2008. © Rosi Braidotti

Redaktorat: Elisa Barth, Jennifer Sophia Theodor

Printed in Germany
Druck- und Bindearbeiten: Dressler, Berlin
Umschlagentwurf: Jochen Stankowski, Dresden
ISBN: 978-3-96273-001-7
www.merve.de

Inhalt

Vorwort

Der vorliegende, kurze aber intensive Band hat sich zum Ziel gesetzt, die Entwicklung einer feministischen, affirmativen Ethik zu umreißen. Die Zusammenstellung der beiden 2006 und 2008 geschriebenen Essays enthält in kondensierter Form die wesentlichen Denkprozesse, auf denen die Ausarbeitung affirmativer und ethischer Subjektauffassungen beruht. Der Band beginnt mit einem Überblick über Nomadische Theorie und deren Anknüpfungspunkte an die wesentlichen Lehren und Implikationen einer affirmativen Haltung. Das Streben nach Affirmation ist ein wesentlicher Teil meiner politischen Praxis und meines feministischen politischen Prozesses. Ich bemühe mich um gesellschaftliche Horizonte kollektiv hervorgebrachter Hoffnung und entleihe hierfür dem kritischen Neospinozismus des französischen Denkens Inspirationen, Konzepte und Begriffe. Aus meiner Sicht liegt hierbei die bedeutendste Quelle im neomaterialistischen Zweig der poststrukturalistischen Philosophie, insbesondere im Werk von Gilles Deleuze, das in der außerordentlichen französischen Tradition von Immanenz und Körpermaterialismus steht. Ich fühle mich dieser Tradition, die sowohl das begriffliche Denken als auch ethisch-politische Praktiken neu denkt, stark zugehörig.

Die von mir innerhalb einer neomaterialistischen, nomadischen Philosophie des Subjekts vorgeschlagene affirmative Grundhaltung spielt eine bedeutende Rolle im gegenwärtigen historischen Kontext, der auf den politischen, moralischen, gesellschaftlichen, ökonomischen und zwischenmenschlichen Ebenen von Regression gekennzeichnet ist. Wir sind umgeben von strukturellen ökonomischen Ungerechtigkeiten, der Wiederkehr fremdenfeindlicher Rhetoriken, Notstandsgesetzen, anhaltendem Krieg gegen den Terror, der Militarisierung gesellschaftlicher Räume und einem Regieren mit den Mitteln der Angst. Medien, sowohl die alten als auch die neuen, übermitteln niederschmetternde Bilder von Tod und Zerstörung, im Wasser treibenden Leichen von Menschen, die versucht haben, das Mittelmeer zu überqueren. Mauern und geschlossene Grenzen vervielfältigen sich im geopolitischen Spektrum.

Betrachtet man unsere Epoche, sind die in ihr verlaufenden Brüche besonders auffällig: das Existieren negativer Merkmale parallel zu überwältigenden neuen Entdeckungen und Entwicklungen. Der schwindelerregende wissenschaftliche und technische Fortschritt unserer hochentwickelten Technologien führt zu einer Konvergenz der Hauptzweige von Biogenetik, Neurowissenschaft und Informationstechnologie. Diese neue Phase der wissenschaftlichen Revolution löst eine Beschleunigung unserer Fähigkeit aus, die wesentlichen Informationsdaten aller lebenden Systeme zu verstehen und aus ihnen Kapital zu schlagen. Ein hohes Niveau biopolitischer Ausgereiftheit existiert parallel zu nekropolitischen Anwendungen derselben Technologien in der Überwachung und Kriegsführung: Daten, Informationen, Kapital und Geld zirkulieren frei in der virtuellen Welt unserer Datenautobahnen und in den materiellen Beziehungen des sozialen Feldes. Doch dieses komplexe Niveau technologischer Vermittlung verschärft die traditionellen Strukturen von Macht und Beherrschung, anstatt sie aufzulösen. Information und Kapital können zwar frei zirkulieren, aber bestimmte Menschen werden an vielen Grenzen tatsächlich aufgehalten und dürfen sie nicht überqueren. Die von den Medien induzierte Gewöhnung an die Bilder von Leichen verwandelt die meisten Menschen, die in der Festung Europa und der überrepräsentierten westlichen Welt leben, in

Zuschauer*innen der Pornographie des Leidens. Auch wenn der Westen nicht von seiner eigenen, internen nekropolitischen Ökonomie verschont bleibt – Enttäuschungen, Suizid- und Burnoutraten haben auch hier ein epidemisches Ausmaß erreicht, vor allem bei jüngeren Generationen und mit Neuseeland und dem Vereinigten Königreich an der Spitze –, so wissen wir auch, dass Suizidversuche unter Geflüchteten signifikant ansteigen.[1]

Da es schwierig ist, so widersprüchliche Sichtweisen auf Fortschritt und Depression auszubalancieren, werden selbst kritische Denker*innen der Herausforderung oft nicht gerecht. Unser gesellschaftliches Imaginäres ist vergiftet von Traurigkeit, Trostlosigkeit, Negativität und Zorn. Vergessen wir nicht, dass Spinoza selbst die Metapher des Gifts benutzte, um die Auswirkungen der Negativität und die Ergebnisse der Zerstörung unserer ethischen Strukturen zu beschreiben. Anstatt der fortwährend steigenden Komplexität unserer Welt mit theoretischer Kreativität und ethischem Mut zu begegnen, schlagen breite Teile der Bevölkerung in Europa und anderswo den rückwärtsgewandten Weg der Konstruktion kollektiver Feindbilder ein. Diese Sündenbockstrategie, die sich den Islam als ihr hauptsächliches Angriffsziel auserkoren hat, wird sowohl in der Öffentlichkeit als auch im politischen Diskurs auf eine Weise adressiert, die von einem Kampf der Kulturen spricht und uns alle in die Armeen eines Westens einberuft, der implizit als christlich und explizit über seine angebliche kulturelle Überlegenheit definiert wird. Wir müssen den davon ausgehenden, nationalistischen Aufruf zu den Waffen und die fremdenfeindliche politische Ökonomie offenlegen und verurteilen; dieser Widerstand erscheint mir ganz entscheidend als Ausgangspunkt kritischer Theorie.

Das Anthropozän hat dieser schon aufgewühlten Welt eine zusätzliche Angstschicht hinzugefügt. Der Klimawandel hat im öffentlichen Raum und bei den Regierenden sowohl weit verbreitete Verleugnung ausgelöst als auch das Gespenst der Auslöschung unserer und anderer Spezies heraufbeschworen. In einer Welle kognitiver und moralischer Panik entstehen Neukonfigurationen einer verletzlichen Menschheit, die von der Angst um ihr eigenes Verschwinden zusammengehalten wird. Viel zu viele Menschen, Kooperationen, Institutionen und politische Parteien wiederholen das Mantra: »Wir sind darin gemeinsam«. Aber wer ist dieses »wir«, das hastig und verallgemeinernd als das Subjekt eines neuen bioethischen Konsenses für das globale Überleben vorgeschlagen wird? Ich fürchte, solche vorschnellen Sprünge in Richtung erneuter Verallgemeinerungen der »neuen« Menschheit verdecken die wesentlichen Unterschiede im Zugang zu Macht und Anspruch, die unsere jeweiligen Subjektpositionen ausmachen und strukturieren. Wir müssen der Tatsache gegenüber stets aufmerksam sein, dass das »Menschliche« niemals ein einheitlicher Begriff war, von dem ausgegangen werden kann, sondern dass es vielmehr ein Begriff ist, der den Zugang zu Rechten und Berechtigungen bestimmt. Kein neokantianischer Universalismus kann die Brüche, die inneren Widersprüche und die äußeren Ausschlüsse verdecken, die schon immer den Begriff »Mensch« ausgemacht haben. Über die Zeiten hinweg lehren uns viele feministische, postkoloniale und antirassistische soziale Bewegungen, dass grundlegende Kategorien wie Rassifizierung, Geschlecht, Klasse, sexuelle Orientierung, Alter und körperliche Tauglichkeit als Kennzeichen menschlicher »Normalität« fungierten. Sie sind nach wie vor Schlüsselfaktoren in der Begriffsbestimmung dessen, was wir »Menschheit« nennen könnten, sowie der Überwachung des Zugangs zu ihr.

Mit dem Aktivieren theoretischer Ressourcen der Immanenzlinie möchte ich einen differenzierenden und doch verkörperten und eingebetteten Materialismus vorschlagen, der dem metaphysischen Gehabe der Transzendenzlinie misstraut. Ich möchte die Aktivität des Denkens an die Mobilität und die Fluktuationen eines verkörperten Geistes rückbinden, der ununterbrochen Verknüpfungen herstellt, sich verändert und dennoch stabil bleibt, der eine Zugehörigkeit hat und gleichzeitig fließend ist. Ich beziehe mich auf dieses materialistische Kontinuum als *zoe*, das heißt dem verschlungenen Netz menschlicher und nicht-menschlicher lebendiger Materie, das dem *bios* entgegengesetzt ist, das heißt dem spezifischen Stück materiellen und diskursiven Lebens, das traditionellerweise nur dem *Anthropos* vorbehalten bleibt. Mit anderen Worten, Materialismus bringt eine starke Beziehung zum nichtmenschlichen Teil von *zoe* mit sich, von der aus ich das Subjekt neu definieren kann und es sowohl vom Humanismus als auch vom Anthropozentrismus abrücke. Wenn Denken bedeutet, in der Welt gemeinsam mit anderen zu handeln, dann müssen wir das ethische Subjekt auch in der Welt als relational, nomadisch und in die Welt hinein gerichtet begreifen. Den Schwerpunkt auf Immanenz zu setzen bedeutet, dass die zeitgenössischen Subjekte jener Bedingung immanent, beziehungsweise mit ihr verbunden sind, zu der sie sich gleichzeitig auch kritisch verhalten. So fügen sie dem »wir sind *darin* gemeinsam« ein »aber dennoch *nicht* alle dieselben« hinzu. Dass dieses technisch vermittelte, global vernetzte und doch innerlich zerborstene Subjekt trotz allem auch körperlich, eingebettet und relational ist, führt zu etwas, das ich *Ontologischen Pazifismus* nenne: ein Pazifismus, der auf dem Vertrauen in unsere gemeinsam geteilte Intimität mit der Welt beruht, das heißt in unser Wissen über sie und unsere gelebte

Erfahrung mit ihr. Das meine ich mit Immanenz. Differenzen werden nicht in einem Gegensatzverhältnis gefasst, sondern als interne Modulationen innerhalb einer gemeinsamen Materie, die intelligent und selbstorganisiert ist. Unsere Körper sind in das verschränkte Ganze, das heißt in die materielle Welt, dynamisch eingebettet – ebenso wie unser Geist. Das immanente, ethische Subjekt erfährt sich mit stets wachsender Genauigkeit als Teil dieser in sich verbundenen Gesamtheit von Materie und Denken.

Der erste Essay »Ethik des Unwahrnehmbar-Werdens« verdeutlicht, dass es affirmativer Ethik nicht um eine Vermeidung von Schmerz geht, sondern vielmehr um einen anderen Weg, diesen zu verarbeiten, hin zu einer Nachhaltigkeit als Affirmation. Ursprünglich 2006 geschrieben, versucht der Text, den Begriff eines »nachhaltigen Selbst« zu radikalisieren und gleichzeitig moralistische Verallgemeinerungen über die Heiligkeit des Lebens als einem christlichen Konzept zu vermeiden. Das Leben zu affirmieren bedeutet nicht, den Tod oder den Wunsch zu sterben, wie er sich bei Selbstmord oder in anderen Formen von Selbstverletzung äußert, zu verleugnen. Eine radikale, affirmative Ethik führt sich das Fortbestehen negativer Affekte, Beziehungen und Phänomene vor Augen und hält sie nicht als unvereinbar mit dem, was wir unter Lebenskräften verstehen, sondern als deren Grundbausteine. Aus neospinozistischer Perspektive besteht ethisches Leben darin, jene Art Austausch, Allianzen, Freundschaften, und Kollaborationen zu kultivieren, die am vielversprechendsten erscheinen, um Nachhaltigkeit, Fortdauer und kollektives Streben nach Affirmation zu ermöglichen. Das kollektive Wesen dieser Übung bildet einen wesentlichen Zug ihrer Radikalität. Affirmation bedeutet, die Resignation und Passivität, die aus einer Verletzung, einem Verlorengehen, einer Enteignung folgen, zu überwinden, um selbst fortzudauern und sich wandeln zu können. Dass es in dieser Ethik wesentlich um den Wandel negativer in positive, das heißt freudige Leidenschaften geht, also darum, hinter den Schmerz zu kommen, bedeutet nicht, den Schmerz zu verleugnen, sondern ihn zu aktivieren, ihn durchzuarbeiten, um an etwas zu gelangen, das jenseits der Dialektik der Anerkennung und den Politiken des Ressentiments liegt. »Positivität« soll hier keinen allzu leichten Optimismus nahelegen oder ein achtloses Zurückweisen menschlichen Leidens. Das Verfolgen und Aktualisieren positiver Beziehungen hervorzuheben und den Schwerpunkt auf den ethischen Stellenwert der Affirmation zu verlagern, impliziert nicht ein Vermeiden oder Verleugnen von Konflikt. Natürlich geschehen abstoßende und unerträgliche Ereignisse, doch Ethik beruht auf der Verarbeitung dieser Ereignisse hin zu positiven Verhältnissen. Wobei es sich hier nicht um einen Mangel an Mitgefühl handelt, sondern um ein Überangebot daran, das danach strebt, die Bedingungen unserer Abhängigkeitsbeziehung zum Negativen zu verstehen. Kritisches Denken nährt Negativität, wie Nietzsche scharf beobachtete. Den Prozess der Subjektbildung von der Negativität zu lösen und ihn mit affirmierter Andersheit zu verknüpfen bedeutet, dass das ethisch Gute neu definiert wird, und zwar nicht über ein dialektisches Schema von entweder Anerkennung oder Ablehnung, sondern vielmehr als Reziprozität der jeweiligen Zuschreibungen innerhalb einer geteilten Praxis der gemeinsamen Konstruktion von Affirmation.

Diese gemeinsame Konstruktion ethischer Subjekte in transversalen Modi nomadischen Werdens wird im zweiten, ursprünglich 2008 publizierten Essay »Intensives Genre und das Verschwinden von Geschlecht« ausgeführt. Wie die Geschichte von Virginia Woolf und Vita Sackville-West zeigt, gehört das Bewusstsein über eine gemeinsame affektive Bindung einschließlich geteilter Wertevorstellungen und Interessen zu einem ethischen Rezept schlechthin. Der Raum des Begehrens, das Virginia und Vita verbindet, führt zu einer Art Beschleunigung, das heißt einer Intensivierung des Beziehungsbandes zwischen den zwei komplexen Entitäten V&V. Von Eros angetrieben, schafft ihre relationale Beziehung ihren eigenen Raum, in dem Grenzen porös werden und das Ich in einen Prozess des mit-der-anderen-Werdens eintritt. Diese vitale Verbindung, die Vita und Virginia in Fleisch und Blut produzieren konnten, fand auch auf geistiger Ebene vermittels ihrer je eigenen Schreibpraktiken statt. Es ist bemerkenswert, dass sie einen Raum des über einander Schreibens und durch einander hindurch Schreibens etablierten und zwar auf eine Weise, die nicht nur ihre beiden Leben, sondern auch die literarische Bühne der zweiten Hälfte des 20. Jahrhunderts maßgeblich bestimmte. Aus meiner Sicht ist diese generative und produktive Verbindung ein Vorbild für die nicht-unitäre Subjektivität, die wir brauchen, um den zeitgenössischen Herausforderungen gewachsen zu sein. Der visionäre Impuls – für den intensive Liebe der Inbegriff ist –, der uns mit allem Lebendigen verbindet, ist angesichts der Widersprüche posthumaner Problemlagen heute umso bedeutender. In einer Epoche, die gefangen ist zwischen den fortgeschrittendsten Technologien, die die sogenannte vierte Industrielle Revolution befeuern, und den Zerstörungen der sogenannten sechsten Auslöschung, brauchen wir einen qualitativen, posthumanen Wandel, um eine breitere Auffassung relationaler Verbindung zu stützen. Die Unterscheidung zwischen Entitäten, Geschlechtern, vergeschlechtlichten Körpern, Spezies und Kategorien zu verwischen, ist mittlerweile eine Notwendigkeit geworden, die sich nicht länger auf die Intimsphäre beschränkt, sondern sich über eine Reihe umweltspezifischer, gesellschaftlicher und politischer Dimensionen erstreckt.

Doch diesem Bewusstsein geht es nicht um das Einebnen struktureller Differenzen, sondern vielmehr darum, die querverlaufenden, relationalen Elemente des Verbindungsprozesses zu stärken. Die neomaterialistische Ethik der Affirmation oder Freude beruht auf einem Band mit offenem Ende zwischen uns und den anderen, die als nicht-unitäre Entitäten in fortwährendem Werden definiert sind. Für das ethische Leben spielt weder das Verhältnis zu Negation und Mangel noch eine dialektische Definition der Verführung als Kapitulation der oder des anderen eine Rolle, sondern die erzeugende Kraft solch einer vitalen Verbindung zu anderen. Der ethische Kern der Subjekte liegt weniger in ihrer rationalen, moralischen Intentionalität als in den Machteffekten, die ihre Handlungen voraussichtlich auf die Welt haben werden. Es handelt sich hier um einen Prozess des Auslösens ermächtigender, affirmativer Weisen des Werdens, indem sowohl das Selbst als auch der oder die andere in einem Begehrensstrom deterritorialisiert werden, der die vitalen Kräfte des Lebens selbst anerkennt.

Definieren wir Denken als relationale und kollaborierende Beteiligung an den Konstruktionen nachhaltiger Wege der Beständigkeit unserer Existenz, dann könnten wir die Aufgabe des Denkens festmachen als die Produktion angemessener Weisen des Verstehens, was uns geschieht, damit wir daraufhin anderen produktiv begegnen können. Wie es sich anfühlt, am Leben zu sein, bildet somit den Kern dieser Definition von Denken. Sobald diese tiefgreifende – organische und technologische, angeborene und hergestellte, gezüchtete und designte – Vertrautheit mit lebendigen Systemen einmal etabliert ist, haben wir es mit vitalen, materiellen Subjekten zu tun, die zum einen in die Bedingungen ihrer eigenen Historizität eingebettet sind, und zum anderen von einem Möglichkeitsrahmen begrenzt sind, der bestimmt, was ihre mit Gehirn ausgestatteten Körper und ihre mit Körpern ausgestatteten Gehirne tun können. Zu einem adäquaten Verständnis der Bedingungen unserer Gebundenheit zu gelangen, ist Spinozas Definition nicht nur der Philosophie, sondern auch des ethischen Lebens: ein Leben, das im Streben nach dem Ausdruck unseres innersten Wesens geführt wird. Diese Essenz ist die freudige Affirmation unserer Freiheit und unseres Wunsches anzudauern, fortzubestehen, zu überleben – und mit uns der Rest des Planeten. Dieses ontologische Verbundensein ändert alles, denn die posthumanen Subjekte des Athropozäns können es sich in Anbetracht ihrer besonderen historischen Umstände nicht leisten, das ethische Leben auf *bios* allein einzuschränken und es somit ausschließlich als anthropomorph oder anthropozentrisch zu begreifen.

Deswegen geht es affirmativer Ethik ebenso darum, die Verbindungen zu nicht-menschlichen, inhumanen und schneller-als-menschlichen Kräften neu zu gestalten. Diese »öko-sophische« Dimension steht in Resonanz mit dem hohen Maß technologischer Vermittlung, in einer Bewegung, die die Suche nach einer Ethik der Affirmation nicht nur auf eine globale, sondern auch auf planetarische und kosmische Dimensionen ausdehnt. Somit sind auf einer ethischen Ebene die Voraussetzungen für politische und ethische Handlungsfähigkeit nicht vom gegenwärtigen Zustand des Terrains abhängig: Das kritische Bewusstsein, das sie überwacht, ist kein oppositionelles und somit nicht per Negation an die Gegenwart gebunden. Stattdessen zieht sich die umgestaltende Energie, die alternative Subjekte hervorbringt, auf eine Weise durch die Zeiten, dass mit kollektiver Anstrengung eine affirmative Praxis erzeugt wird, die wiederum eingesetzt wird, um stärkende Beziehungen zu kreieren, die auf mögliche Zukünfte zielen. Wir müssen zu einem ethischen Verhalten gelangen, anstatt aus Selbstschutz moralische Regeln und Protokolle einfach nur anzuwenden: Wir müssen fortdauern und uns verändern. Zu den inakzeptablen Aspekten der gegenwärtigen Bedingungen »nein« zu sagen, zielt in zwei Richtungen zugleich: »Ich möchte lieber nicht« und »Ich will es anders«. Ethische Beziehungen schaffen mögliche Welten, indem sie auf die Ressourcen zurückgreifen, die in der Gegenwart unerschlossen geblieben sind, einschließlich unseres Begehrens und unserer Vorstellungskraft. Sie aktivieren intensive oder nomadische Netze der Verbundenheit mit anderen.

Wir feministischen Denker*innen haben somit die Aufgabe, uns unserer Zeiten würdig zu erweisen, mit ihnen in Austausch zu treten, damit wir ihnen widerstehen können, mit anderen Worten von ihnen abzuweichen – vor allem, wenn sie Ungerechtigkeit und Negativität endlos fortsetzen. Wir müssen unser Denken vom Gift negativer Leidenschaften wie Ressentiment, Neid, Hass und Verzweiflung, aber auch von schierer Langeweile reinigen. Wir müssen auf eine neue Art von Subjekt hinarbeiten, das der Welt immanent und von daher beides ist: vertrauensvoll gegenüber der Welt, aber kritisch in Bezug auf ihre Ungerechtigkeiten und ihre Negativität. Dieses Subjekt ist eines, das sich im Prozess hin zu seinem eigenen und einzigartigen Werden befindet, das wiederum nur zusammen mit anderen in einer Praxis und im Handeln in und mit der Welt aktualisiert werden kann.

1 Vgl. Kate Shuttleworth »606 pairs of empty shoes: the growing toll of suicide in New Zealand«, *The Guardian*, 01.09.2017 sowie die Studie von Sacha Myers und Imad Aoun »A Tide of Self-Harm and Depression. The EU-Turkey Deal's devastating impact on child refugees and migrants« für *Save the Children*, London 2017.

Ethik des Unwahrnehmbar-Werdens

Einleitung

Im folgenden Essay untersuche ich die öko-sophischen Aspekte einer Ethik des Werdens unter Bezugnahme auf nomadische Subjektivität und Nachhaltigkeit. Die Notwendigkeit, die diese Untersuchung antreibt, beruht nicht nur auf einem abstrakten Grund, sondern auch auf einem sehr pragmatischen. Die nomadische Philosophie mobilisiert unsere Affektivität und erzeugt den Wunsch nach einer fundamentalen Zustandsänderung der Art von Subjekten, die wir geworden sind. Solche tiefgreifenden Transformationen sind bestenfalls herausfordernde jedoch schlimmstenfalls schmerzvolle Prozesse. Meine politische Generation (die der Babyboomer) musste sich mit einer harten Wirklichkeit arrangieren, die die vehemente und oft fatale Ungeduld jener dämpfte, die sich nach Veränderung sehnen.

Viele Exemplare dieser Art haben wir in existentiellen, politischen, sexuellen, narkotischen oder technologischen Sackgassenexperimenten verloren. Und obwohl es wahr ist, dass wir ebensoviele Vertreter*innen, wenn nicht gar noch mehr, an die stumpfsinnige Trägheit des Status quo verloren haben – eine Art verbreitetes »Stepford wife«-Syndrom –, habe ich nichtsdestotrotz ein sensibles Bewusstsein dafür entwickelt, wie schwierig Veränderungen sind. Dies ist nicht als eine Abwehr diesen Menschen gegenüber gemeint, ganz im Gegenteil: Ich denke, dass das gegenwärtige politische Klima mit unverhältnismäßigem Nachdruck die Risiken betont, die mit dem Vorantreiben gesellschaftlichen Wandels einhergehen, indem es den Refrain über das Ende der Ideologien in einer Endlosschleife wiederholt. Diese konservative Reaktion zielt darauf ab, die Bürger*innen zu disziplinieren und ihren Wunsch nach »Neuem« auf gefügige und zwanghafte Formen des Konsumierens zu reduzieren. Nichts liegt mir ferner als dieser Ansatz. Nur will ich sorgsam vorausschicken: Prozesse der Veränderung und Transformation sind so wichtig und lebensnotwendig, dass man vorsichtig mit ihnen umgehen muss.

Das Konzept ethischer Nachhaltigkeit geht diese komplexen Fragen an. Wir müssen uns mit Schmerz beschäftigen als einen großen Anreiz für und nicht bloß als Hürde zu einer Ethik der Veränderungen und Transformationen. Ebenso müssen wir das erkennende Subjekt in Begriffen der Affektivität, Inter-Relationalität, Territorien, öko-sophischen Ressourcen, Verortungen und Kräften neu denken. So sollten wir endgültig vom Raumzeitkontinuum des klassischen Humanismus Abschied nehmen, jedoch nicht zwangsläufig von dessen Idealen. Das nomadische, ethisch-politische Projekt nimmt das Werden als eine pragmatische Philosophie in den Blick, die zum einen die Notwendigkeit betont, zu handeln, und zum anderen die Notwendigkeit des Experimentierens mit den verschiedenen Möglichkeiten der Subjektbildung und den Weisen, unsere Körperlichkeit zu bewohnen. Dementsprechend geht es bei nomadischer Ethik nicht um eine Herrentheorie, sondern um vielfältige, mikropolitische Formen von alltäglichem Aktivismus. Wie wir sehen werden, ist es entscheidend, dem Aktivismus das »Aktive« wieder hinzuzufügen.[1]

Beständigkeit, Dauerhaftigkeit, Ausdauer

Mein Ausgangspunkt ist das Konzept eines nachhaltigen Selbst, das auf Beständigkeit [*endurance*] abzielt. Beständigkeit besitzt eine zeitliche Dimension: Sie hat mit dem Andauern in der Zeit zu tun – also mit Dauer und Selbstperpetuierung (Spuren von Bergson). Aber sie hat auch eine räumliche Seite: der Raum des Körpers als ein verleiblichtes Feld, auf dem sich Leidenschaften oder Kräfte aktualisieren (Spuren von Spinoza). Aus Beständigkeit entstehen Affektivität und Freude – wie in der Fähigkeit, Schmerz oder großes Vergnügen zu empfinden, was auf dasselbe hinausläuft. Sie bedeutet, Not und physischen Schmerz auszuhalten und zu tolerieren.

Dauerhaftigkeit ist der Schlüssel zu einer Ethologie der Kräfte.[2] Abgesehen davon ist sie auch ein ethisches Prinzip, um die Positivität des intensiven Subjekts zu bejahen – das heißt dessen freudige Affirmation als *potentia*. Das Subjekt ist ein Raumzeitgefüge, das die Grenzen von Werdensprozessen absteckt. Das Funktionieren dieser Prozesse beruht darauf, dass negative Leidenschaften in positive Leidenschaften umgewandelt werden. Dies wird durch die Macht des Verstehens ermöglicht, das nicht länger auf eine Reihe phallogozentrischer Standards verweist, die auf Gesetz und Mangel beruhen, sondern das losgelöst und somit affektiv ist. Die Aufgabe, die Negativität umzuwenden, erfordert einen ethischen Transformationsprozess. Er zielt darauf ab, dass wir durch das Bewusstwerden unserer Grenzen und unserer Gebundenheit die Freiheit erlangen, zu verstehen. Durch Begegnungen und Kontakt mit anderen Körpern, Entitäten, Lebewesen und Kräften mündet dies in die Freiheit, die eigene Essenz als Freude zu affirmieren. Ethik meint hier die Treue zu dieser *potentia* beziehungsweise den Wunsch »zu werden«.

Affektivität verstehe ich als in sich positiv: Sie ist die Kraft, die danach strebt, die Fähigkeiten des Subjekts zu Interaktion und Freiheit einzulösen. Sie ist der *conatus* bei Spinoza oder auch der Begriff der *potentia* als affirmativer Aspekt von Macht. Sie ist voller Freude und Lust und insofern immanent, als dass sie mit den Begriffen und Weisen ihres Ausdrucks zusammenfällt. Das bedeutet konkret, dass ethisches Verhalten die *potentia* eines Subjekts bestätigt, fördert und antreibt und zwar als das Vermögen, die eigene Freiheit auszudrücken. Ethisches Verhalten wird von der Positivität des Wunsches geleitet, einen Ausdruck für die innerste und grundlegendste Freiheit (*conatus*, *potentia* oder Werden) zu finden. Hier muss das Subjekt jedoch in der Lage sein, diesen Wunsch andauern und bestehen zu lassen, um den eigenen Impetus aufrechterhalten zu können. Unethisches Verhalten führt zum Gegenteil: Es verneint, hemmt und schwächt diesen Impetus und verwehrt dem Subjekt somit, ihn aufrechtzuerhalten. Die zeitliche Dimension dieses Vorgangs bestimmt die Bedingung der Möglichkeit einer Zukunft und damit von Zukünftigkeit überhaupt. Die Herstellung und der Ausdruck positiver Affekte lassen das Subjekt andauern und bestehen: Sie sind eine Quelle von Langzeitenergie im affektiven Zentrum der Subjektivität.

Deleuzes »Nomadologie« ist eine Immanenzphilosophie, die auf der Idee der Nachhaltigkeit als einem Prinzip beruht, das die intensiven Ressourcen eines Subjekts in Bezug auf Umwelt, Affekte und Erkenntnis absteckt, synchronisiert und aufeinander abstimmt. Ein so konstituiertes Subjekt ist in einer Zeitlichkeit zuhause, die die aktive Zeitform kontinuierlichen »Werdens« ist. Deleuze definiert das Werden in Anlehnung an Bergsons Konzept der »Dauer« und entwirft das Subjekt somit als eine fortdauernde Entität, die nachhaltige Veränderungen und Transformationen aushält und diese in ihrem Umfeld in einer Gemeinschaft oder Kollektivität umsetzt. Jedoch entkoppelt Deleuze den Begriff der »Beständigkeit« von der metaphysischen Tradition, die ihn mit der Vorstellung von Intuition, Essenz und somit Permanenz, verknüpfte. Deleuze versetzt »Beständigkeit« mit raumzeitlichen Kräften und Mobilität. Es handelt sich um eine Form von transzendentalem Empirismus oder anti-essentialistischem Vitalismus. So wird selbst die Erde (Gaia) als Partnerin in einer kommenden Gemeinschaft postuliert, die von Subjekten zu konstruieren ist, die anders mit der Erde interagieren werden.

Was ist also dieses nachhaltige Subjekt?

Es ist ein Stück lebendiger, empfindsamer Materie: ein selbsterhaltendes System, das von einem fundamentalen Lebenstrieb aktiviert wird. Es drückt *potentia* (eher als *potestas*) weder durch den Willen Gottes noch durch die geheime Verschlüsselung des genetischen Kodes aus. Dieses Subjekt ist physiologisch in die körperliche Materialität des Selbst eingebettet und so ist dieses verleiblichte, intensive oder nomadische Subjekt ein Dazwischen: eine Einfaltung äußerer Einflüsse und ein gleichzeitiges Entfalten von Affekten nach Außen. Als eine räumlich und zeitlich mobile Entität sowie als verleiblichte Form von Gedächtnis ist dieses Subjekt in einem Prozess begriffen, doch es ist ebenso in der Lage, durch unterschiedliche diskontinuierliche Variationen hindurch anzudauern und sich dabei selbst ausgesprochen treu zu bleiben.

Diese Selbsttreue versteht sich nicht als psychologische oder sentimentale Bindung an eine persönliche »Identität«, die meist nicht viel mehr als eine Sozialversicherungsnummer oder eine Reihe Familienfotos ist. Ebensowenig ist sie ein Zeichen der Authentizität eines Selbst (*me, myself and I*), das Gerichtsstand für Narzissmus und Paranoia ist – die großen Säulen, auf denen die westliche Identität gründet. Vielmehr beruht diese Treue auf wechselseitigen Abhängigkeiten und Verbindungen, mit anderen

Worten auf einer Reihe von Verhältnissen und Begegnungen. Diese bilden ein Geflecht vielfältiger Beziehungen, die alle Ebenen einer vielschichtigen Subjektivität umfassen und das Kognitive an das Emotionale sowie das Intellektuelle an das Affektive binden und das Ganze mit sozialen Schichtungen verknüpfen. Die Treue, um die es in der nomadischen Ethik geht, fällt daher mit einem Bewusstsein über die eigenen Voraussetzungen für die Interaktion mit anderen zusammen, das heißt mit den Fähigkeiten zu affizieren und affiziert zu werden. Auf eine zeitliche Skala übertragen, ist es eine Treue der Dauer, das heißt der Ausdruck unserer kontinuierlichen Bindung an bestimmte dynamische, raumzeitliche Koordinaten und an unser Fortdauern.

In einer Philosophie der zeitlich eingeschriebenen, radikalen Immanenz unterscheiden sich Subjekte und weichen entlang materiell eingebetteter Koordinaten voneinander ab: Sie bewegen sich in unterschiedlichen Laufzeiten, Temperaturen und Takten. Man kann (und tut dies auch) zwischen Gängen wechseln und sich über die Koordinaten hinweg bewegen, sie aber nicht alle zur selben Zeit beanspruchen. Kräfte der Breiten- und Längengrade, die das Subjekt strukturieren, haben Grenzen, die ich als Schwellen der Nachhaltigkeit bezeichne. Für Deleuze beziehen sich die Kräfte der Breitengrade auf die Affekte, zu denen ein Subjekt je nach den Graden der Intensität oder des Vermögens fähig ist: Wie intensiv verlaufen sie? Mit den Längengraden ist die Ausdehnungsspanne gemeint: Wie weit können sie gehen? Nachhaltigkeit ist davon abhängig, wie viel ein Subjekt ertragen kann. Ethik wird dementsprechend als die Geometrie dessen neu definiert, zu was Körper fähig sind.

Was ist also diese Schwelle und wie ist sie verankert? Kern dieses Entwurfs einer Ethik ist eine positive Auffassung vom Subjekt als ein radikal immanenter, intensiver Körper. Das Subjekt ist hier ein Gefüge von Kräften oder Strömen, Intensitäten und Leidenschaften, die sich innerhalb der singulären Konfiguration, die gemeinhin als »individuelles« (oder eher di-viduelles) Selbst bekannt ist, räumlich verfestigen und zeitlich konsolidieren. Diese intensive und dynamische Entität fällt nicht mit der Aneinanderreihung innerer, rationalistischer Gesetzmäßigkeiten zusammen und entspricht ebensowenig der Entfaltung genetischer Daten und Informationen, die in der materiellen Struktur des verkörperten Selbst verschlüsselt sind. Sie ist vielmehr eine Teilmenge von Kräften, die raumzeitlich gesehen stabil genug ist, um Bestand zu haben und konstante Transformationsflüsse zu durchlaufen.

Die Grade und Ebenen der Affektivität des Körpers bestimmen über die Weisen der Differenzierung und Abweichung. Freudige oder positive Leidenschaften und das Überwinden reaktiver Affekte bilden den wünschenswerten Modus. Positivität ist vermittels der Vorstellung von Schwellen der Nachhaltigkeit in dieses Programm eingebaut. Daher steigert eine ethisch ermächtigende Option die *potentia* eines Menschen und erzeugt in diesem Prozess freudige Energie. Nicht nur historische, sondern auch relationale Bedingungen können ein solches Streben ermutigen: Sie werden durch das Kultivieren und Ermöglichen produktiver Begegnungen bestimmt, die wiederum Prozesse der Selbsttransformation und Selbstgestaltung hin zu einer Affirmation von Positivität unterstützen. Weil allen Subjekten dieser Wesenszug gemeinsam ist, gibt es eine von allen geteilte Grundlage, auf der diese Begegnungen sowie ihre möglichen Konflikte verhandelt werden.

Woher wissen wir also, dass wir eine Schwelle der Nachhaltigkeit erreicht haben? Diese Art der intensiven Kartierung bedarf der Übung. Hier kommt die nicht-individualistische Auffassung vom Subjekt wesentlich zum Tragen, nämlich einem Subjekt, das verkörpert und daher affektiv sowie gesellschaftlich in Beziehungen und Verhältnisse eingebunden ist. Dein Körper wird dir zeigen, wenn du eine Schwelle oder eine Grenze erreicht hast. Die Warnung zeigt sich womöglich durch dessen aufbegehrenden Widerstand, etwa krank werden oder Übelkeit; oder sie kann weitere somatische Erscheinungsformen annehmen wie Angst, Beklemmung oder ein Gefühl der Unsicherheit. Wobei der semiotisch-linguistische Rahmen der Psychoanalyse dies auf Symptome reduziert, die ihrer Interpretation harren. Ich hingegen sehe sie als körperliche Warnsignale oder Grenzmarkierungen, die eine klare Botschaft vermitteln: zu viel! Ich denke, Deleuze und Guattari waren so daran interessiert, selbstzerstörerische oder pathologische Verhaltensweisen wie Schizophrenie, Masochismus, Anorexie, verschiedene Suchtformen und das schwarze Loch mörderischer Gewalttätigkeit zu studieren, eben weil sie deren Funktion als Markierung von Schwellen untersuchen wollten. Dies setzt eine qualitative Unterscheidung voraus und zwar zwischen dem Begehren, des Subjekts, seinem *conatus* Ausdruck zu verleihen (was aus neospinozistischer Sicht implizit positiv ist) und den Zwängen, die die Gesellschaft ihm auferlegt. Die Formen, in denen dieses Begehren aktualisiert oder ausgedrückt wird, sind spezifisch und kontextabhängig bedingt. Die Schwellen zu erkennen, erfordert ein Experimentieren – stets und notwendigerweise in Beziehungen oder Begegnungen mit anderen. Wir brauchen neue kognitive und sinnliche Kartierungen dieser Nachhaltigkeitsschwellen für Körper-in-Transformationsprozessen.

Dies wird durch Deleuzes Lesart von Spinoza gestützt. Ein anderes Wort für Spinozas *conatus* ist Selbsterhaltung – nicht im liberalen, individualistischen Sinn des Begriffs, sondern eher als die Verwirklichung des eigenen Wesens, das heißt des eigenen ontologischen Triebs »zu werden«. Es handelt sich hier weder um einen automatischen noch um einen in sich harmonischen Prozess, insofern er Verbindungen mit anderen Kräften und daher auch Konflikte und Kollisionen umfasst. Gewalt, Schmerz und ein gewisses Maß an Grausamkeit sind Teil des Prozesses. Verhandlungen müssen sich als Trittsteine für tragfähige Ströme des Werdens ereignen. Die Interaktion des körperlichen Selbst mit seiner oder ihrer Umwelt kann den *conatus* beziehungsweise die *potentia* dieses Körpers entweder steigern oder mindern. Der Geist als ein Sensor, der Verstehen erzeugt, kann hierbei helfen, diejenigen Kräfte zu erkennen und zu wählen, die seine Handlungsmacht sowie seine physische und mentale Aktivität steigern. Die Beschaffenheit der eigenen Affektivität zu verstehen, bildet als gesteigerte Selbsterkenntnis den Schlüssel zu einer spinozistischen Ethik der Ermächtigung. Da hierzu auch ein adäquateres Verständnis der Verbindungen zwischen dem Ich und einer Vielfalt anderer Kräfte gehört, wird die liberal-individualistische Auffassung vom Subjekt untergraben. Doch ebenso muss der Körper hierfür eine größere Anzahl komplexer Verbindungen begreifen und physisch aushalten können, sowie in der Lage dazu sein, ohne Überbelastung mit Komplexität umzugehen. Also kann nur ein Geist im Erkennen seiner wahren, affektiven und dynamischen Natur frei sein, der die zunehmenden Komplexitätsgrade anerkennt und wertschätzt.

In dieser Definition von Nachhaltigkeit geht es also auch darum, den Anthropozentrismus im neuen, komplexen Verbund nomadischer Subjektivität zu dezentrieren. Das Konzept der Nachhaltigkeit bringt ethische, epistemologische und politische Anliegen unter dem Schirm einer nicht-unitären Auffassung vom Subjekt zusammen. Das Leben privilegiert heterogene Gefüge: Auch Tiere, Insekten und Maschinen sind Kraftfelder und Territorien des Werdens. Das Leben in mir ist nicht nur menschlich – im Grunde ist es nicht einmal das.

Grenzen als Schwellen

In der nomadischen Philosophie ist der Begriff des »Lebens« als vitale Kraft ganz entscheidend für die Diskussion einer nachhaltigen Ethik. Leben ist kosmische Energie – zugleich leeres Chaos und absolute Geschwindigkeit oder Bewegung. Das Leben ist halb tierisch – *zoe* – und halb diskursiv – *bios*. *Zoe* gilt selbstverständlich als die schlechte Hälfte der qualitativen Unterscheidung, die *bios* – definiert als intelligentes Leben – in den Vordergrund rückt. Jahrhunderte christlicher Indoktrination haben hier eine tiefe Spur hinterlassen: *Bios* ist gottgewollt und heilig, während *zoe* ziemlich irdisch und dreckig ist. Dass sich diese beiden Dimensionen im menschlichen Körper kreuzen sollen, macht das physische Ich zu einem umkämpften Ort, mit anderen Worten zu einer politischen Arena. Der Körper-Geist-Dualismus hat historisch als eine reduzierende Abkürzung durch die Komplexität dieser umstrittenen Zwischenzone funktioniert. *Zoe* ist geistlose Materie und die Vorstellung, dass das Leben unabhängig von Handlungsfähigkeit und ungeachtet rationaler Kontrolle fortbesteht, wird als fragwürdiges Privileg den Nichtmenschen zugeschrieben. Diese umfassen alle klassischen »Anderen« aller klassischen Auffassungen vom Subjekt: das vergeschlechtlichte Andere (Frau), das ethnisierte Andere (Indigene) und das naturalisierte Andere (Erde, Pflanzen und Tiere). *Zoe* ist unpersönlich und unmenschlich im monströsen, animalischen Sinne radikaler Alterität, wohingegen die klassische Philosophie logozentrisch ist. Nomadisches Denken liebt *zoe* und lobpreist deren aktive und ermächtigende Kraft allen Widrigkeiten zum Trotz.

Zoe oder Leben als absolute Vitalität liegt jedoch nicht jenseits von Negativität und kann auch wehtun. Für die Scholle leiblicher Existenz, die einzelne Subjekte darstellen, ist *zoe* immer eines: zuviel. Wir stehen vor der konstanten Herausforderung, uns Situationen gewachsen zu zeigen, die Welle der Lebensintensitäten zu erwischen und sie zu reiten und dabei die Grenzen oder Schranken sichtbar zu machen, indem wir sie überschreiten. Wir bekommen in diesem Prozess oft Risse und können einfach nicht mehr. Allein schon die Aktivität, über eine solche Intensität nachzudenken, ist schmerzvoll: Sie führt zu intensiver Belastung, zu psychischer Unruhe und nervöser Anspannung. Wäre Denken angenehm, wären vielleicht mehr Menschen versucht, dieser Aktivität nachzugehen. Die meisten Menschen versuchen jedoch, Beschleunigungen und gesteigerte Intensitäten zu vermeiden.

Entscheidend für diese Ethik der Affirmation ist das Konzept der Grenze oder Schranke. Für Spinoza-Deleuze ist die Grenze in die affektbasierte Definition von Subjektivität eingelassen. Konkret ist Affektivität das, was ein verkörpertes Subjekt aktiviert und dazu ermächtigt, mit anderen zu interagieren. Die Beschleunigung der eigenen Seinsgeschwindigkeit oder auch die Erhöhung der eigenen Affekttemperatur bilden den dynamischen Prozess des Werdens. Daraus folgt, dass ein Subjekt nie mehr denken, verstehen, tun oder werden kann, als das, was es innerhalb der eigenen verkörperten, raumzeitlichen Koordinaten ertragen und durchstehen kann. Diese zutiefst positive Auffassung vom menschlichen Subjekt postuliert eingebaute, bioorganische Beschränkungen.

Daher besteht die ethische Herausforderung (Spuren von Nietzsche) darin, fröhliche Methoden zu kultivieren, mit denen man der überwältigenden Intensität von *bios-zoe* begegnet. Gemeint ist die Fähigkeit, der Welt mit Affektivität und nicht mit Kognition gegenüberzutreten: als Singularität, Kraft, Bewegung, in Beziehungsgefügen und -netzen mit allem Lebenden. Das Subjekt ist eine autopoietische Maschine, die von zielgerichteten Wahrnehmungen angetrieben wird und in der *zoe* ihren Widerhall findet. Diese nicht anthropozentrische Haltung ist Ausdruck einer tiefen Liebe zum Leben als kosmischer Kraft sowie des Wunsches, subjektives Leben und Tod zu entpersonalisieren. Dies ist nur ein Leben, nicht mein Leben. Das Leben in »mir« hört nicht auf meinen Namen: »Ich« ist nur vorübergehend.

Intensiv zu leben und bis zum x-ten Grad lebendig zu sein, treibt uns an den äußersten Rand der Sterblichkeit. Das wiederum hat Auswirkungen auf die Frage nach den Grenzen, die in die verkörperte und eingebettete Subjektstruktur eingelassen sind. Das sind Grenzen oder Beschränkungen der eigenen Ausdauer und Beständigkeit – in der doppelten Bedeutung von: in der Zeit anzudauern und den Schmerz zu ertragen, mit dem Leben als *zoe* konfrontiert zu sein. Das ethische Subjekt ist in der Lage, diese Konfrontation auszuhalten; es bricht ein bisschen auf, ohne dass dadurch seine physische oder affektive Intensität zerstört wird.

Was ist dann also Ethik? Eine schmale Barriere gegen die Möglichkeit der Auslöschung. Ethik bedeutet, wenn möglich den Schmerz in Schwellen der Nachhaltigkeit umzuarbeiten: einbrechen, aber nicht zerbrechen. Sie ist eine Methode zur Verwirklichung nachhaltiger Formen der Transformation und erfordert passende Gefüge oder Interaktionen: Man muss jene Art von Begegnungen anstreben oder selbst herbeiführen, die aktives Werden begünstigen oder wachsen lassen, und jene vermeiden, die die eigene *potentia* schwächen. Es handelt sich um eine intensive Ethik, die auf der gemeinsamen Fähigkeit von Menschen beruht, für andere Kräfte, Entitäten, Wesen oder Intensitätswellen Empathie zu empfinden, ihnen gegenüber Zuneigung zu entwickeln und dadurch mit ihnen in Beziehung zu treten. Das erfordert Dosierung, Rhythmen, Wiederholungsmuster sowie Koordination und Resonanz. Es ist eine Sache des Entfaltens und Einfaltens in die komplexen und vielschichtigen Kräfte von *bios-zoe* als einer zutiefst unmenschlichen Kraft.

Um die ihr inhärente Positivität zu erfüllen, muss *potentia* also auf Nachhaltigkeit hin »formatiert« werden. Das heißt natürlich auch, dass es unmöglich ist, einen Standard zu etablieren, der für alle passt; ein differenzierender Ansatz ist vonnöten. Was Körper in der Lage sind zu tun oder nicht, ist biologisch, physisch, psychisch, geschichtlich, geschlechtlich und emotional spezifisch geworden: das heißt partial. Letztendlich kennzeichnen die Schwellen nachhaltig Werdender auch deren Grenzen. Insofern ist »Ich halte das nicht mehr aus!« eine ethische Aussage und keine Kapitulationserklärung. Es ist das lyrische Wehklagen eines Subjekts-im-Prozess, das von Intensitätswellen durchströmt wird, die aufblitzend seine Selbsterkenntnis erhellen und in der Begegnung und Konfiguration mit anderen Felder der Selbstkenntnis eröffnen. Daher ist es für die Arbeit des Verstehens und den Prozess des Werdens entscheidend, Schwellen, Grenzen oder Schranken (an)erkennen zu lernen.

Schranken sind für Lacan Wunden oder Narben, das heißt Zeichen innerer Zerfleischung und unersetzbarer Verluste. Im liberalen Denken sind Schranken Landesgrenzen, die nicht ohne erforderliche Visa oder Genehmigungen überschritten werden können. Für Deleuze hingegen sind Schranken beziehungsweise Grenzen[3] sowohl Durchgangspunkte oder Schwellen als auch Kennzeichen der Nachhaltigkeit. Deleuze formuliert eine fast mathematische Definition von Grenze oder Limit als das, wohin man niemals wirklich kommt. Im *Abécédaire* diskutieren Deleuze und Claire Parnet die Problematik der Grenze in den Begrifflichkeiten von Sucht. Deleuze, der an seinen eigenen frühen Alkoholismus zurückdenkt, verortet das Limit oder den Rahmen für die alkoholinduzierte Veränderung nicht so sehr beim letzten Glas, weil es jenes Glas ist, das dich umbringen wird. Stattdessen ist das »vorletzte« Glas entscheidend, weil es dasjenige ist, das dir erlaubt, zu überleben, anzudauern, auszuhalten – und folglich auch weiter zu trinken. Ein*e wirklich Süchtige*r wird immer beim vorletzten Glas aufhören, immer einen Schritt vor dem fatalen Schluck oder Schuss. Eine todgeweihtes Wesen hingegen schießt direkt zum letzten vor. Diese Haltung verhindert oder negiert den Ausdruck des Wunsches, am nächsten Tag erneut zu beginnen, den vorletzten Schuss zu wiederholen und somit anzudauern. Es gibt kein Gefühl mehr für ein mögliches Morgen: Zeit faltet sich in sich selbst ein und höhlt ein schwarzes Loch aus, in das sich das Subjekt auflöst. No future.

In *Tausend Plateaus* sprechen sich Deleuze und Guattari klar gegen die nicht nachhaltigen Transformationsflüsse aus, die von Drogenkonsum induziert werden. Doch bevor wir das als moralistisch fehllesen, sollten wir uns lieber in Erinnerung rufen, dass Deleuze und Guattari weder bewusstseinserweiternde noch gefühlsverstärkende Drogen von vornherein ablehnen. Vielmehr wenden sie sich gegen eine Abhängigkeit von Drogen, durch die die Toleranzgrenze des Organismus überschritten wird. Sucht ist keine Öffnung, sondern eine Verengung des Feldes möglichen Werdens. Sie erhöht die Unbeweglichkeit des Subjekts und nicht dessen Fluidität: Sie sperrt das Subjekt in ein schwarzes Loch innerer Fragmentierung ohne Begegnungen mit anderen. Das schwarze Loch ist der Punkt, hinter dem die Fluchtlinie des Werdens implodiert und sich zersetzt.

Deleuzes Haltung zu Nachhaltigkeitsschwellen versucht, eine neue Position einzunehmen, die weder mit einer Laisser-faire-Ideologie noch mit einem repressiven Moralismus übereinstimmt. Eine spinozistisch-nomadische Auslegung des Begriffs Limit als »nicht zu weit gehen« hat nicht im Geringsten etwas mit den Aufforderungen der Mainstreamkultur nach Mäßigung und versiertem Management der eigenen Gesundheit zu tun. Denn der heutige Neoliberalismus zeichnet sich durch einen erneuten Appell an das Individuum aus, seine körperlichen Ressourcen, Gesundheitspotenziale und Lebenskapital gut zu verwalten. Wie Jackie Stacey[4] kritisch bemerkte, führt dies zu einer Fehlaneignung des Begriffs »Verantwortlichkeit« und zu dessen Fehlübersetzung im Sinne von Selbstmanagement, das auf »Prävention« und dem Streben nach einem »gesunden Lebensstil« beruht. Diese kulturelle Obsession auf Gesundheit und sauberen, funktionierenden Körpern ist das Resultat der Angst vor tödlichen Krankheiten wie Krebs oder Aids und den monströsen Vorstellungen, die sie hervorrufen. Das zwanghafte und konsumorientierte Streben nach »Gesundheit« bringt soziale, kulturelle und körperliche Praktiken mit sich, die in offenem Widerspruch zueinander stehen. Darin liegt die normative Kraft der zeitgenössischen Biopolitik.[5]

Die Ethik der Nachhaltigkeit kombiniert den Hang und das Bekenntnis zum Wandel mit einer Kritik am Exzess um seiner selbst willen. Im schwingenden Pendel der Postmoderne folgen auf Deterritorialisierungen Reterritorialisierungen, wodurch das, was gestern noch blasphemisch war, heute banal ist, und Grenzen, die gestern nur unter großer Anstrengung oder Gewalt überschritten worden sind, heute als Mainstream erachtet werden. Dies als »Fortschritt« hinzustellen, käme einem überzogenen Optimismus gleich, oder wäre ein fataler Fall Hegel'scher Überdosis, da es die für mich wichtigste Frage verschleiert, nämlich: Welchen Preis sind wir bereit zu zahlen, um diese Kette sich widersprechender Wirkungen, die fälschlicherweise als »Fortschritt« verstanden werden, zu durchlaufen und sogar davon zu profitieren.

Die radikalen Gesellschaftstheorien und -praktiken der 1960er und 70er Jahre haben einen Kommodifizierungsprozess erfahren und sind in konsumorientierte Ethiken des »Lifestyles« und »Entertainments« umgemünzt worden. Ihr subversiver Stachel, nämlich der Wunsch nach tiefgreifender Transformation des Subjekts und des öffentlichen Raumes, wurde ihnen genommen. Einer der perversesten Züge der heutigen Kultur zeigt sich im Ausmaß, in dem der Spätkapitalismus alle Gegenkulturen zu Objekten marktförmigen Konsums reduziert und zugleich ein konservatives Ethos erneut etabliert hat, das alle Experimente totsagt, die auf transformierende Veränderungen hin ausgerichtet sind. Ich möchte das ethische Leben kultivieren, indem ich das Prinzip der freudigen Transformation negativer in positive Affekte anwende – in höflichem Widerspruch nicht nur zu den Konservativen sondern auch zum neoliberalen Arm des Kant'schen Kosmopolitismus, der von Martha Nussbaum und anderen verteidigt wird.

Aus der Perspektive nomadischer Philosophie besteht das Problem der Nachhaltigkeit darin, dass sie das Gefühl eines qualitativen (intensiven) Kriteriums vermittelt, obwohl es sich eigentlich um ein quantitatives handelt.[6] Nachhaltigkeit kollidiert mit Dauer, und Dauer ist nicht dasselbe wie pluralistische Geschwindigkeit. Geschwindigkeit beschreibt einen Verlauf, sie findet im Raum statt und verhandelt Konzepte wie Körper oder aktualisierte Entitäten. Dauer hingegen ist eine Intensität, bei der es um abstrakte Diagramme oder Linien des Werdens geht. Nachhaltigkeit als quantitativer Maßstab läuft Gefahr, innerhalb der Logik des Spätkapitalismus wirksam und operational zu werden, obwohl sie eigentlich versucht, diese zu unterlaufen. Denn der Kapitalismus ist ein axiomatisches System, das dazu in der Lage ist, alle Qualitäten als Quantitäten zu betrachten und sie dahingehend zu instrumentalisieren, dass sie das System wieder speisen. Meine Antwort darauf liegt in einer nicht-unitären Vision nomadischer Subjektivität, die – gekoppelt mit der Vorstellung von Begehren als Fülle und nicht als Mangel – eine transformativere Herangehensweise an ethischen Werte hervorbringt. Meine Kriterien für diese Ethik umfassen: keine Gewinn- oder Vorteilsorientierung, Schwerpunkt auf dem Kollektiven, virale Kontaminierungen, Verknüpfung von Theorie und Praxis, einschließlich der Bedeutung von Kreation. Der nicht Hegel'sche Begriff von Grenze, den ich als Schwelle der Nachhaltigkeit vorschlage, bedeutet, dass Grenzen als dynamische Bindeglieder oder Attraktoren zu betrachten sind. Es muss kollektiv mit ihnen experimentiert werden, damit sie gültige und effektive Kartographien darüber ergeben, wieviel ein Körper aushalten kann und wo seine Nachhaltigkeitsschwellen liegen. Sie sollen auch kollektive Bindungen, das heißt eine neue affektive Gemeinschaft oder Polis schaffen. Dieses Projekt muss eine Bewertung der Kosten enthalten, die entstehen, wenn aktive Prozesse der Veränderung verfolgt werden, und eine Anerkennung des Schmerzes und der Schwierigkeiten, die sie mit sich bringen. Das ist kein simpler Romantizismus. Im Gegenteil meine ich, dass »was immer dich durch den Tag bringt« legitim ist, egal welche Hilfe und Unterstützung vonnöten ist. Wir müssen alles beachten, was nicht nachhaltig ist oder sich als nicht nachhaltig herausstellen kann: der sanfte, quälende Schmerz der Seele, den Virginia Woolf so präzise beschreibt; das scharfe Stechen im Hinterkopf, das sie mit so grausamer Genauigkeit festhält; der teuflisch pochenden Schmerz im Bauch, der Kathy Acker losrennen lässt. Es geht darum, ein Gefühl für ein nachhaltiges Gleichgewicht zu entwickeln – zum Guten wie zum Schlechten und immer nur für einen Moment.

Innerhalb der schizoiden Logik unserer Zeit betrifft das Problem der Kosten meist *potestas* (das Quantitative), nicht *potentia* (die unkörperlichen Intensitäten). Schöpfung oder die Erfindung von etwas Neuem kann nur aus den qualitativen Intensitäten hervorgehen und ist deshalb nicht mit einem Begriff zu fassen, der nur die Toleranz von Körpern als tatsächlich aktualisierten Systemen bemisst. Daher stellt sich die ethische Frage: Wenn wir, um das (präindividuelle) Leben stark zu machen, die unkörperliche Erfindung der Qualität sowie vornehmlich Affekt und Perzept wertschätzen, und wenn wir (erneut Deleuze folgend) auf der unkörperlichen Insistenz von Affekten, Perzepten oder des Werdens (als etwas anderem als Affekte von Körpern und Perzepte von Entitäten) beharren – wie können wir dann das Konzept der Nachhaltigkeit nutzen, um gegen den Preis zu argumentieren, den uns die Treue zum Konzept des Perzepts kostet? Das würde ein körperliches Kriterium in das Unkörperliche einführen, was wiederum einen konzeptuellen Doublebind und ein echtes ethisches Dilemma darstellt.

Wie können wir Nachhaltigkeit mit Intensität kombinieren? Indem wir alle Menschen – *homo tantum* und nicht nur außergewöhnliche Menschen wie Schriftsteller*innen oder Denker*innen – in die Verantwortung nehmen, sich auf ethische Weise um die Produktion von Affekten und Perzepten zu bemühen. Dies wäre eine würdige Ethik der Überwindung des Selbst und der Ausreizung der Grenzen dessen, was ein Körper aushalten kann. Die ethische Fragestellung ergibt sich hier aus der absoluten Differenz (oder dem Widerstreit) zwischen unkörperlichen Affekten beziehungsweise der Fähigkeit, mit den Schwellen der Nachhaltigkeit zu experimentieren auf der einen Seite und unserem körperlichen Schicksal als unterschiedlich empfindende Körper auf der anderen. Welches ethische Kriterium können wir im Kontext dieser Differenz erfinden? Wie können wir Affektivitäten steigern, das heißt die Fähigkeit, Empfindungen zu erfinden oder zu erfassen und (zugleich?) für diese affizierten Körper Sorge tragen? Anders gefragt: Was kostet uns die Fähigkeit, zu empfinden, die es uns ermöglicht, der Schöpfung als Vehikel zu dienen? Was wäre eine qualitative Vorstellung von diesen Kosten? Darin liegt der Kern der Agenda nomadischer Ethik.

Bios/Zoe und Thanatos

Mein Verständnis von »Leben« als einer *Bios-Zoe*-Ethik der nachhaltigen Transformationen unterscheidet sich grundlegend von Giorgio Agambens Begriffen das »nackte Leben« oder der Rest«, der bleibt, nachdem die vermenschlichte »bio-logische«

Hülle entfernt wurde.[7] »Nacktes Leben« ist dasjenige in dir, was von souveräner Macht getötet werden kann: der Körper als verfügbares und entsorgbares Material in der Gewalt der despotischen Macht (*potestas*). Eingeschlossen als notwendigerweise ausgeschlossen, schreibt »nacktes Leben« eine nicht fassbare Vitalität in das Herz der Fangmechanismen staatlicher Systeme ein. Agamben betont, dass diese Vitalität oder »Lebendigkeit« umso tödlicher für das System ist. Hier gibt es eine Verbindung zu Heideggers Theorie des Seins, das seine Kraft aus der Verleugnung tierischen Lebens schöpft. Der Platz der *zoe* in Agambens Theorie entspricht der Rolle und dem Platz der Sprache in der psychoanalytischen Theorie: der Ort, an dem das Subjekt konstituiert oder »eingefangen« wird. Dieses »Einfangen« funktioniert über eine Setzung – als eine aposteriorische Konstruktion, eine vorsprachliche Dimension der Subjektivität, die als »immer schon« verloren und außer Reichweite erfahren und erlernt wird. *Zoe* – wie das Prädiskursive bei Lacan, die Chora bei Kristeva und das Mütterlich-Weibliche bei Irigaray – ist für Agamben der ewig zurückweichende Horizont einer Alterität, die einbezogen werden muss, weil sie zwangsläufig ausgeschlossen ist, damit sich überhaupt erst ein Gerüst für das Subjekt festigen kann. Damit wird Endlichkeit zu einem konstitutiven Bestandteil der Rahmung von Subjektivität, der auch eine affektbasierte politische Ökonomie des Verlusts und der Melancholie im Herzen des Subjekts nährt.[8]

In seiner bedeutenden Arbeit über die totalitären Grenzbereiche der Biomacht-Regime setzt Agamben die philosophische Angewohnheit fort, Sterblichkeit oder Endlichkeit als geschichtsübergreifenden Horizont der Diskussionen über »Leben« zu setzen. Diese Fixierung auf *Thanatos*, die Nietzsche bereits vor über einem Jahrhundert kritisierte, ist heute in den kritischen Debatten immer noch sehr präsent. Sie produziert oft eine düstere und pessimistische Vorstellung nicht nur von Macht allgemein, sondern auch der technologischen Entwicklungen, die die Regime der Biomacht vorantreiben. Ich erlaube mir, von dieser Angewohnheit Abstand zu nehmen, die die *Bios-Zoe*-Frage vorzugsweise im Horizont des Todes, des Grenzstadiums von Nicht-Leben oder in der gespenstischen Ökonomie der Untoten verortet. Stattdessen berufe ich mich lieber auf die erzeugenden Kräfte der *zoe* und wende mich der spinozistischen politischen Ontologie zu, wie sie von Deleuze und Guattari[9] verteidigt wird. Ich schlage vor, diesen positiven Ansatz ebenso auf die Diskussion des Todes auszuweiten.

Vom Standpunkt eines verkörperten und eingebetteten weiblichen Subjekts sprechend, halte ich die Metaphysik der Endlichkeit für eine kurzsichtige Weise, sich die Frage nach den Grenzen dessen zu stellen, was wir Leben nennen. Bloß weil Thanatos am Ende immer gewinnt, sollte ihm dennoch kein so hoher konzeptueller Stellenwert beigemessen werden. Der Tod ist überbewertet. Die letztendliche Subtraktion ist schließlich nur eine neue Phase in einem generativen Prozess. Leider erfordern die unerbittlichen, generativen Kräfte des Todes die Unterdrückung dessen, was mir das Nächste und Liebste ist, nämlich meiner selbst, meines eigenen lebendigen Daseins. Für das narzisstische menschliche Subjekt ist es, so lehrt uns die Psychoanalyse, undenkbar, dass das Leben weitergehen könnte, ohne dass ich da bin. Sich der Denkbarkeit eines Lebens zu stellen, das weder »mich« noch irgendein anderes »Menschliches« als Zentrum hat, ist genaugenommen ein ernüchternder und lehrreicher Prozess. Diese postanthropozentrische Verschiebung ist für mich der Anfangspunkt für eine Ethik der Nachhaltigkeit, die danach strebt, den Fokus auf die Positivität von *zoe* zu verlagern. Agamben gelingt es nicht, die materialistische und produktive Dimension dieses Konzepts herauszustellen, stattdessen verwischt er sie.[10]

Tod ist die ultimative Transposition, obwohl er nicht endlich ist. Die Sakralisierung des Lebens in der christlichen Ethik wird von Deleuzes Theorie des Tier-, Insekt- und Unwahrnehmbar-Werdens infrage gestellt: *Zoe* macht weiter, unerbittlich erzeugend. Zellen vervielfältigen sich – bei Krebs ebenso wie bei Schwangerschaft. Unfähig, mit dieser geistlosen Wirklichkeit zu leben, sperrt unsere Kultur in den Überbegriffen der »Selbstzerstörung« oder des »Nihilismus« eine Reihe alltäglich relevanter Körperpraktiken und -phänomene ein: Abneigungen [*dis-affection*] jeglicher Art; legale Sucht (Kaffee, Zigaretten, Alkohol, Überarbeitung, Leistungswille), illegale Sucht (natürliche und pharmazeutische toxische und narkotische Substanzen); Selbstmord (vor allem unter Jugendlichen); Empfängnisverhütung, Abtreibung sowie die Wahl sexueller Praktiken und Identitäten; die Agonie bei chronischen Krankheiten; lebenserhaltende Geräte in und außerhalb von Krankenhäusern; Depressionen und Burnout. Diese Praktiken werden häufig anhand christlicher Moralvorstellungen bewertet oder unter Bezugnahme auf eine sakralisierte Vorstellung vom Leben und vom Individuum, das dieses lebt. Dadurch werden sie auf Pathologien, soziale Probleme oder Verbrechen reduziert. Meine Hoffnung ist, dass eine nicht-unitäre Vorstellung vom Subjekt in Kombination mit einer Ethik der Nachhaltigkeit es uns ermöglichen wird, die Angewohnheit der Pathologisierung selbstzerstörerischer Praktiken umzuwandeln in einen Prozess des Experimentierens mit den Grenzen der Nachhaltigkeit.

Wir leben in einer Kultur, in der einige Menschen im Namen des »Rechts auf Leben« töten. Daher will ich mich im Gegensatz zu der Mischung aus Gleichgültigkeit und Scheinheiligkeit, die die üblichen, das Leben sakralisierenden Denkgewohnheiten kennzeichnet, auf eine etwas »dunklere« und dennoch erhellendere Denktradition beziehen, die nicht von der Annahme eines inhärenten, selbstverständlichen und intrinsischen Werts des Lebens ausgeht. Im Gegenteil, ich würde gerne die traumatischen Elemente des Lebens in ihrer oft unbemerkten Verwandtschaft miteinander hervorheben. In Bezug auf Leben ist nichts selbstverständlich oder automatisch gegeben. Leben ist keine Angewohnheit. Ich denke, man muss jeden Tag wieder in das Leben »hineinspringen«, die elektrische Ladung muss erneuert werden: Nichts davon ist natürlich oder im Voraus gegeben. »Leben« ist ein Geschmack, den man sich angeeignet hat, eine Sucht wie jede andere auch und ein Projekt mit offenem Ende. Man muss daran arbeiten.

In der Konsequenz produziert die arbeitsintensive Nicht-Evidenz, »das Leben fortzuführen«, meines Erachtens eine weitere relevante Frage: »Wozu?« Ich meine das nicht jammernd oder narzisstisch, sondern eher als den notwendigen Moment des Innehaltens [*stasis*], der vor dem Agieren liegt – als das Fragezeichen, das der Möglichkeit ethischer Handlungsfähigkeit vorausgeht und sie formuliert. Als es Primo Levi, der sich diese Frage sein ganzes Leben lang stellte und sich sein ganzes Leben lang an einer Antwort darauf abarbeitete, nicht mehr gelang, die Motivation aufzubringen, diese Frage noch einmal zu stellen, beging er Selbstmord. Die Geste des Selbstmords ist jedoch nicht Ausdruck einer moralischen Niederlage oder des Abbaus der eigenen Ansprüche. Im Gegenteil, sie drückt den festen Entschluss aus, das Leben auf einem verarmten oder verminderten Intensitätslevel nicht zu akzeptieren – und ist insofern eine ethisch positive Geste.

Nach Genevieve Lloyd ist Spinoza in Bezug auf Selbstmord ausgesprochen deutlich: Die Entscheidung zur Selbstzerstörung ist weder positiv noch kann sie »frei« genannt werden.[11] Die Selbsterhaltung des Ichs ist so ein starker Trieb, dass Zerstörung nur von außen kommen kann: *Conatus* kann nicht die eigene Selbstzerstörung wollen, und wenn doch, dann liegt das an physikalischen oder psychischen Zwängen, die die Freiheit des Subjekts negieren. Die Verbundenheit zwischen Wesen zeigt, dass die Selbsterhaltung ein gemeinsam geteiltes Anliegen ist. Die Kräfte mit anderen zu vereinen, um die eigene Lebensfreude zu fördern, ist der Schlüssel zu einem ethischen Leben; dies ist ebenso die Definition eines lustvoll gelebten, rationalen Lebens. Selbstmord und Rationalität sind nicht miteinander vereinbar. »Spinoza lehnt die Ethik des noblen Selbstmords ab«, wie Lloyd schreibt,[12] weigert sich aber gleichermaßen, Selbstverleugnung zu einer Tugend zu erheben. Für Spinoza ist die größte und vielleicht einzige Sünde, äußeren Kräften zu unterliegen und die eigene *potentia* zu schwächen.

In seinem Kommentar zu den Suiziden von Primo Levi und Virginia Woolf macht Deleuze (der selbst den Weg wählen wird, seiner eigenen Existenz ein Ende zu setzen) etwas sehr deutlich: Du kannst dein eigenes Leben in seiner spezifischen und radikal immanenten Form unterdrücken und trotzdem noch das Vermögen oder die Potenz des Lebens affirmieren; insbesondere in Fällen, in denen gesundheitlicher Verfall oder soziale Zwänge dich ernsthaft der Kraft berauben, zu affirmieren und mit Freude anzudauern. Dies ist weder eine christliche Affirmation des Lebens noch eine transzendentale Übertragung des Sinn- und Wertesystems auf höhere Kategorien als das verkörperte Selbst. Es handelt sich hier ganz im Gegenteil um die Intelligenz des radikal immanenten Leibes, der mit jedem Atemzug zeigt, dass das Leben in dir nicht von irgendeinem Signifikanten markiert ist und höchstwahrscheinlich nicht deinen Namen trägt. Hier gibt es einen Zusammenhang zu der Frage nach den Kosten, die ich oben diskutiert habe. Das Bewusstsein über die absolute Differenz zwischen intensiven beziehungsweise unkörperlichen Affekten und den jeweils spezifischen, empfindenden Körpern ist ausschlaggebend für die Ethik, den Tod zu wählen. Tod ist nicht nachhaltig. Im Zentrum aktueller Debatten um Sterbehilfe findet man dieses Argument im Zusammenhang mit der Gnade für das Leben todkranker Patient*innen. Diese Debatten zeichnen sich in der Öffentlichkeit durch dramatisch inkompatible Vorstellungen von Leben sowie oft unausgesprochenen persönlichen Interessen aus. Ihnen würde ein Schuss nomadischer Ethik guttun.

André Colombat verbindet in seinem Kommentar zu Deleuzes Tod den Akt der Unterdrückung des eigenen scheiternden Körpers, wie bei Selbstmord oder Sterbehilfe, mit einer Ethik der Beteuerung von Freude und Positivität des Lebens, die zwangsläufig in der Verweigerung mündet, eine abgewertete Existenz zu führen. Dieser Gedanke beruht auf einer vorausgehenden und fundamentalen Unterscheidung zwischen dem persönlichen und dem unpersönlichen Tod. Ersterer hängt mit der Unterdrückung des individualisierten Egos zusammen, letzterer liegt jenseits des Egos: »[e]in Tod, der mir immer bevorsteht. Er ist die extremste Ausprägung meiner Macht, etwas anderes zu werden oder anders zu werden. Er ist ein absoluter und dynamischer Riss, der nicht das ›Mögliche‹ definiert, sondern das, was niemals enden wird, das Virtuelle, das niemals eingelöst wird, das Nichtendende und Nichtaufhörende, durch das ›*Ich*‹ die Macht zu sterben verliere [...]«.[13]

In einer nomadisch philosophischen Perspektive hallt die Emphase auf der Unpersönlichkeit des Lebens also in einer analogen Reflexion des Todes wider. Wenn Leben eine unpersönliche oder vielmehr a-persönliche Kraft ist (*zoe* in ihrer wunderbaren Indifferenz menschlichen Interessen gegenüber), dann gilt dies ebenso für den Tod. Der Tod ist kein Scheitern oder Ausdruck einer strukturellen Schwäche im Herzen des Lebens: Er ist ein wesentlicher Bestandteil der generativen Zyklen des Lebens. Und als solcher ist er eine »Null-Institution« im Sinne von Lévi-Strauss: die leere Gestalt aller je möglichen Zeit als fortwährendes Werden, das sich in der Gegenwart aktualisieren kann, aber in die Vergangenheit und die Zukunft zurückfließt. Er ist virtuell und besitzt somit die generative Fähigkeit, das Aktuelle hervorzubringen. Folglich ist der Tod bloß eine offensichtliche Manifestation von Prinzipien, die in jedem Lebensaspekt aktiv sind, nämlich: die präindividuelle oder unpersönliche Macht der *potentia*; die Affirmation von Mannigfaltigkeit und nicht von Einseitigkeit sowie das Verbundensein mit einem kosmischen und unendlichen Außen.

Dies ließe sich als Ströme der Werdens-Muster in einem unbegrenzten Raum beschreiben, irgendwo zwischen dem »Nicht-mehr« und dem »Noch-nicht«. Es handelt sich um zeitliche Markierungen eines Vitalismus, der nichts mit einer Vorstellung vom Tod als unbelebten und indifferenten Zustand von Materie zu tun hat, oder als entropischen Zustand, zu dem der Körper »zurückzukehren« hat. Stattdessen ist der Tod das Unwahrnehmbar-Werden des nomadischen Subjekts und insofern Teil der Werdens-Zyklen. Er ist eine weitere Form der Verbundenheit, ein vitales Verhältnis, das uns mit vielen weiteren Kräften verknüpft. Das Unpersönliche ist Leben und Tod als *bios/zoe* in uns – das ultimative Außen als Grenze des Unkörperlichen.

Keith Ansell-Pearson kommentiert in seinem Buch *Viroid Life* auf erhellende Weise die Unterscheidung zwischen persönlichem und unpersönlichem Tod in Deleuzes Philosophie des Werdens. Das Paradox, das Leben als *potentia* oder Energie zu affirmieren gerade in und durch die Unterdrückung des spezifischen Stückchen Lebens, das »ich« bewohne, ist eine Möglichkeit, den Antihumanismus implodieren zu lassen. Dies löst den Tod in sich stets verschiebende, prozesshafte Wandel auf, wodurch das Ego mitsamt seinem Kapital an Narzissmus, Paranoia und Negativität zersetzt wird. Aus dem spezifischen und höchst restriktiven Blickwinkel des Egos hat Tod überhaupt keine Bedeutung:

> »Eine positive, dynamische und prozesshafte Auffassung von Tod, die diesen von einem anthropomorphen Begehren nach Tod (nach Stasis, nach Sein) befreien würde, und stattdessen nur von einem Tod spräche, der begehrt (ein Tod, der Begehren ist, und das Begehren entsprechend einer Maschine oder eines Maschinengefüges konstruiert wäre) kann nur erlangt werden, indem das Werden des Todes sowohl von Mechanismus als auch von Finalismus befreit wird.«[14]

Deleuze, der sich auf Spinoza beruft, legt seinen Schwerpunkt hingegen auf die Vervielfältigung der Verbindungen und auf den Reichtum an Kreativität eines Selbst, das sich in Werdensprozessen entfaltet. Diese affirmative Sichtweise auf das Leben und Denken situiert nomadische Philosophie eher in einer Logik der Positivität als in der erlösenden Ökonomie des klassischen, metaphysischen Denkens. Diese Auffassung vom Tod als Prozess steht im Zusammenhang mit Deleuzes Philosophie von Zeit, verstanden als Beständigkeit und Nachhaltigkeit.

Diese ethische Position in Deleuzes Arbeit verdankt sich Nietzsche und Spinoza. Philip Goodchild zitiert Deleuze präzise in Bezug auf diesen Punkt: »Da zwischen Personen stets zerstörerische Kräfte herrschen, ist es besser, sich selbst unter erträglichen Umständen zu zerstören, als andere zu zerstören.«[15]

Gegen die humanistische Konvention, die als das Wesen des Menschlichen verkauft wird, würde ich argumentieren, dass die Singularität des Subjekts in jenem minoritären Bewusstsein liegt, das sich durch mannigfaltige Werden entfaltet. Für das Subjekt-im-Werden ist die Frage des »Wozu?« überaus wichtig. Ein Subjekt hoher Intensität bewegt sich auch auf ganz spezifischen Ebenen der Verletzlichkeit und wird von diesen angetrieben. Mit nomadischen Mustern geht eine grundlegende Fragilität einher. Prozesse ohne Verankerung müssen mit Vorsicht behandelt werden; *potentia* erfordert ein hohes Maß an Beherrschung der Ein- und Abgrenzung. In dieser Ethik der Affirmation und Positivität sollte kein lebenserhaltendes oder stimmungsverstärkendes System, von dem jemand abhängig ist (nach dem deleuzianischen Ansatz »alles, was dich durch den Tag bringt«), Gegenstand einer moralischen Anklage sein, sondern vielmehr ein neutraler Referenzpunkt: eine Stütze im Werdensprozess.

Ewigkeit in der Zeit

Genevieve Lloyd behauptet, dass die Ewigkeit des Geistes den Tod für eine spinozistische Auffassung vom Subjekt irrelevant macht.[16] Etwas als ewig zu verstehen, bedeutet für Spinoza, es als aktuell zu begreifen, als eine Lebenskraft, die allen Dingen, wenn auch in unterschiedlichem Grad, innewohnt. Ewigkeit ist nicht dasselbe wie »Dauer« und daher bedeutet sie nicht: ewig währen. Jeder Geist ist in der Lage, sich selbst als Teil einer größeren Gesamtheit zu verstehen – für Spinoza wäre das der Geist Gottes (sub specie aeternitatis) –, die per Definition in Freude ihrer Perfektion und Liebe ewig ist. Die intellektuelle Liebe zu so einer Vorstellung macht auch unseren eigenen Geist ewig. Weisheit ist die Kontemplation der Ewigkeit der Lebenskräfte und nicht der Unvergänglichkeit des Todes.

Spinozas Denken ist in diesem Punkt nicht frei von Widersprüchen – vor allem bezüglich der Unterscheidung zwischen den Begriffen »Ewigkeit« und »Dauer« –, was wiederum sein Verständnis von Gott, Religion und Erlösung beeinflusst. Er wendet sich gegen die orthodoxe Vorstellung von Gott, welche von großen Religionen propagiert wird, und verteidigt stattdessen einen infiniten und ewigen Gott, ohne den nichts existieren oder verstanden werden kann – beruhend auf der Annahme, dass der menschliche Geist nur ein Modus von Gottes Attribut des Denkens ist. Spinoza zufolge strebt der Geist nach einer räumlichen und zeitlichen Einheit. Ein Subjekt ist notwendigerweise verkörpert und in eine zeitliche Abfolge eingeschrieben, die von seiner Erinnerung gewährleistet wird. Die radikale Unterbrechung des Bewusstseins, wie sie vom Tod durch die Zerstörung des Körpers hervorgerufen wird, kann von keinem Menschen überlebt werden. Und dennoch ist die Selbsterhaltung für Spinoza in das Wesen des Subjekts eingeschrieben und Tod kann nur durch äußere Ursachen eintreten. Dieser internen Komplexität durch eine qualitative Kostenanalyse Grenzen zu setzen, ist der Schlüssel zu einer Ethik der Nachhaltigkeit. Zeit selbst setzt einige Grenzen, insofern sie Erfahrungen in einer Abfolge von Vergangenheit, Gegenwart und Zukunft organisiert, und so durch Erinnerung und Imagination die Komplexitäten und das Wuchern von Assoziationen begrenzt.

Da der Geist in der Lage ist, sich seiner Verbindungen mit anderen Modi des Denkens und der Kräfte bewusst zu werden, kann er auch die Rivalität mit einem anderen Geist und folglich mit externen Quellen begreifen, die sich als negativ oder zerstörerisch erweisen. Aber er kann nicht die Möglichkeit seines eigenen Todes in Erwägung ziehen. Wie Lloyd herausstellt, ist der Tod »die Zerstörung des conatus«[17] und sterben bedeutet aufzuhören, am Lebensstrom positiver und negativer Interaktionen mit anderen teilzunehmen, was das entscheidende Merkmal des verkörperten Subjekts ist. Etwas von unserem Sein wird nach unserem Tod weiter existieren, aber das ist nicht die fortgesetzte Existenz des Selbst. Die Ewigkeit des Geistes beruht auf seiner Teilhabe an einer breiteren, reflexiven Gesamtheit. Aber die Existenz des Geistes hängt von jener des Körpers ab und besteht daher nur, solange der Körper tatsächlich existiert. Und obwohl der Geist mit dem Tod des Körpers aufhört zu existieren, wird die Vorstellung von dieser Körper/Geist-Entität nicht durch das Verschwinden des Körpers beseitigt. Die Wahrheit dessen, was der Fall – das Subjekt – gewesen ist, kann nicht verlorengehen. Die Vergangenheit bleibt unerschütterlich und selbstversichert und ist somit das wahre Objekt des Werdens. Damit sich das Subjekt als Teil der Natur versteht, muss es sich als ewig wahrnehmen, das heißt gleichermaßen als verletzlich und als vorübergehend. Jedoch beinhaltet dies auch eine zeitliche Dimension: Was wir sind, ist eng verbunden mit Dingen, die vor uns existiert haben und mit solchen, die nach uns kommen oder weitergehen werden. Der Tod spielt hier selbstverständlich eine Rolle, aber »Tod hat nicht die Macht, etwas im Nachhinein zu löschen«.[18] Tot zu sein, reduziert uns nicht auf den Zustand eines Produkts der Einbildungskraft anderer Menschen, aber es löst das Ich in ein verwobenes Kontinuum in Einheit mit der Natur auf. Was auch immer eintritt – und Tod tritt immer ein –, wir werden dagewesen sein und nichts kann das ändern, nicht einmal der Tod selbst. Die vollendete Zukunft bereitet den Weg zur fortlaufenden Gegenwart.

Der verkörperte Geist bleibt integraler Bestandteil eines größeren und weiter verknüpften Ganzen. Es geht hier darum, dass wir im Laufe unseres Lebens zu dem Bewusstsein gelangen können, dass es etwas gibt, das die Zeit transzendiert. Wenn wir diese Einsicht gewonnen haben, gibt es wenig zu fürchten vor dem tatsächlichen Tod. Ich denke, dies ist ein entscheidender Weg: Die Wahrheit über das verkörperte Selbst kann und muss von der Existenz aus gefasst werden.

Der ausschlaggebende Aspekt dieser Vorstellung vom Tod ist, dass der Tod das Gegenteil von Transzendenz ist: Ewigkeit wird nicht in »der Gesamtheit omnipräsenter Wahrheiten«[19] verortet, sondern in der Aktualisierung spezifischer Kraftmuster, die jede spezifische Singularität definieren. Dadurch wird das Subjekt zu etwas, das »weiterhin dagewesen sein wird«.[20] Die Ewigkeit des Geistes – nicht als Dauer aber als teilhabend an einer fortdauernden Existenz – nimmt dem Tod die Macht, auf das, was ein Subjekt gewesen ist, Einfluss zu nehmen. Daher liegt die Rettung oder Erlösung in der Vergegenwärtigung der Ewigkeit innerhalb der Zeit. Der Geist wird selbst zu etwas Ewigem genau durch das Wissen um die eigene Ewigkeit, die wiederum bestimmt ist durch seine Fähigkeit zur Synthese von Verstand, Erinnerung und Vorstellungskraft.

Nomadische Philosophie nimmt mithilfe von Spinoza eine Umkodierung vor: die Kräfte Leben und Tod werden in den Begriffen *Aktivität* und *Passivität* gefasst. Diese werden moralisch neutral ausgedrückt und beziehen sich einfach darauf, was den *conatus* oder die *potentia* des Subjekts stärkt (affirmative oder positive Kräfte) oder diesen entgegenwirkt und *conatus* oder *potentia* schwächt (negative oder reaktive Kräfte). Dementsprechend werden die Autorität, die Bedeutung und die zentrale Stellung eines bewussten, ich-dominierten Subjekts reduziert. Das Maß, in dem Deleuze diese Ethologie der Kräfte von jedwedem dialektischen Schema trennt, ist hier umso bedeutender: Leben und Tod können gleichzeitig auftreten, sich sogar überlappen und dennoch folgen sie nicht dem entweder-oder-Prinzip, sondern vielmehr dem und-und-und-Prinzip. In ihrer Kritik der Banalität und Gewöhnlichkeit von Freuds Konzeption des Todestriebs betont Dorothea Olkowski das Ausmaß, in dem die Psychoanalyse das Ich auf desexualisierende und die unbewusste Libido entleerende Kräfte zurückführt.[21] Im Gegensatz zu dieser entropischen Herangehensweise schlägt Deleuze endlose Kontraktionen, Expansionen, Dauer und Ausdehnung in Werdensprozessen oder qualitativen Differenzierungen vor.

In solch einem Rahmen ist Tod kaum noch ein Punkt. Er ist nicht der Horizont, an beziehungsweise vor dem sich das menschliche Drama abspielt. Das Zentrum ist von *bios/zoe* und ihren stets wiederkehrenden Vitalitätsströmen besetzt. *Bios/Zoe* lebt in und durch viele Tode fort. Deleuze wendet dies auch zu einer Kritik des gesamten heideggerianischen Erbes, das Sterblichkeit ins Zentrum der philosophischen Spekulation rückt. Gegen das selbstherrliche Bild eines prätentiösen, egoistisch narzisstischen und paranoiden Bewusstseins entfesselt philosophischer Nomadismus die vielfältigen, dynamischen Kräfte von *bios/zoe*, die nicht mit dem Menschlichen, geschweige denn mit Bewusstsein koinzidieren. Dies sind nicht-essentialistische Kennzeichen eines Vitalismus.

Den eigenen Tod selbst gestalten

In der poststrukturalistischen Ethik wird sowohl Gott als auch das Prinzip der Unsterblichkeit einer fundamentalen Kritik unterzogen und zwar in Bezug auf die verkörperte und daher sterbliche und partiale Struktur des Subjekts. Es geht nicht um den Tod als jene Kluft, die uns am Ende unserer Zeit erwartet, sondern um die Weisen, in denen wir das Sterben im Laufe unseres Lebens lernen, wahrnehmen und verhandeln, indem wir positive und ethische Begegnungen kultivieren. Um dies nicht als eine christliche Heilsbotschaft zu missverstehen, will ich erneut die unreligiöse Natur dieses Arguments betonen. Tod ist nicht Entropie, noch ist er eine Rückkehr zu starrer, unbelebter Materie, sondern er ist das Öffnen neuer Intensitäten und Möglichkeiten des In-humanen oder Nicht-Menschlichen. Ansell-Pearson beschreibt ihn als »das Unbekannte, Unermessliche, das Unlogische«.[22] Tod kann als Werden oder als Verschmelzen mit der endlos generativen Energie eines Kosmos erfahren werden, der den Menschen gegenüber höchst indifferent ist. Deleuze, der Blanchot in seinem Widerspruch zu Freud beipflichtet, schreibt den Tod nicht als das Paar Eros-Thanatos in das Leben ein, sondern vielmehr als Unkörperlichkeit: Der Tod ist der ultimative Bruch. Das Bewusstsein, das wir in diesem letzten Sprung erfahren könnten, erlischt.

Wie Adam Phillips in seiner bemerkenswerten Parralellektüre von Darwin und Freud festhält,[23] steht der Begriff »Vergänglichkeit« bei beiden stark im Vordergrund. Diese kritischen Denker führen einen sachlichen und laizistischen Realismus ein, in dem auf unsere Fähigkeit Wert gelegt wird, Teil unserer Umwelt – Teil unserer »Natur« – zu sein, und trotzdem zu wissen, dass der Mensch nicht in deren Zentrum steht. Pragmatischer Realismus ist der Schlüssel zu einem ethischen Verhalten, dessen Schwerpunkt sowohl auf egalitären Prozessen aktiver Interaktionen liegt, als auch auf der Instabilität und dem Veränderlichen der individuellen Identität.

Die Prozesse des Denkens oder der theoretischen Darstellung eines Subjekts, das auf diese Weise verkörpert und eingebettet ist, sind nicht nur partial, sondern strukturell defensiv. Bewusstsein – von außen eingetreten, hetero-angetrieben und aposteriorisch – ist der Versuch, sich mit den Kräften zu einigen, die uns bereits zu dem gemacht haben, was wir sind. Denn bedeutsamer ist, dass der Tod oder die Vergänglichkeit des Lebens im Herzen des Subjekts schon verankert und Teil der Lebensprozesse ist. Für ein Leben, dessen Begehren darauf abzielt, sich selbst auszulöschen, das heißt an sein Ende zu gelangen und sich dann aufzulösen, ist der Wunsch zu sterben also eine weitere Ausdrucksmöglichkeit für den Wunsch zu leben. Nicht nur besteht hier keine dialektische Spannung zwischen Eros und Thanatos, sondern beide Kräfte sind in Wirklichkeit auch nur eine – *zoe* als Lebenskraft zielt auf ihre eigene Erfüllung. Ich denke, dass darin das Paradox der posthumanistischen Ethik liegt, die ich hier untersuche: Auf einer bewussten Ebene versuchen wir zwar alle zu überleben, aber auf einer tieferen Ebene unserer unbewussten Strukturen ist alles, wonach wir uns sehnen, still dazuliegen und die Zeit über uns hinwegstreichen zu lassen in der perfekten Stille des Nicht-Lebens. Damit verfolgen wir, was wir eigentlich vermeiden wollen: »Dass wir unserem Wesen nach geborene Selbstmörder sind, aber nicht aus Verzweiflung, sondern weil es buchstäblich unsere Natur ist, zu sterben.«[24] Wie Phillips gekonnt darlegt, geht es nicht darum, dass der sehnlichste Wunsch des Menschen wäre, zu verschwinden, sondern eher, dass der Mensch sich wünscht, auf seine eigene Weise zu verschwinden. Der Organismus will ausschließlich auf seine eigene Weise sterben.

Die selbstbestimmte Gestaltung des eigenen Todes ist das logische Gegenstück zum Begriff der »Autopoiesis«, das heißt zu Selbstorganisation und Konstruktion. Den eigenen Tod selbst zu gestalten, bedeutet eine Haltung zu kultivieren, das heißt einen »Stil« konzeptueller Kreativität, der Gegengewohnheiten aufrechterhält und alternative Erinnerungen fördert, die nicht die dominanten Darstellungsweisen wiederholen und bestätigen. Das ästhetische Modell, das aus der Malerei oder dem musikalischen Refrain bezogen werden kann, ist für ein Verständnis dieser Mischung konzeptueller Strenge und Kreativität entscheidend. Im Grunde geht es darum, die Kreisläufe starrer Wiederholungen zu durchbrechen.

Das generative Vermögen von *bios/zoe* kann nicht an ein einzelnes menschliches Individuum gebunden oder ihm zugesprochen werden. Vielmehr durchbricht es auf transversale Weise diese Bindungen und Grenzziehungen beim Verfolgen des eigenen Ziels, nämlich der eigenen Fortdauer: »Leben«, das zunächst auf das eigene Fortdauern abzielt, und dann, wenn es sein Ziel erreicht hat, auf die eigene Auflösung. Insofern könnte man auch argumentieren, dass es ebenso das, was wir für gewöhnlich »Tod« nennen, umfasst. So wie das Leben in mir nicht mir gehört (im Sinne von Eigentum, wie es der liberale Individualismus verheißt), sondern eine Teilzeitanordnung ist, so gehört auch der Tod in mir nicht mir (oder nur in einem sehr beschränkten Sinne). In beiden Fällen ist alles, was »Ich« hoffen kann, dass ich mein Leben und meinen Tod in einem Modus, einer Geschwindigkeit und einer Weise bewerkstellige, die nachhaltig und angemessen sind: »Ich« kann sie autopoietisch selbst gestalten und damit mein fundamentales Wesen als das konstitutive Verlangen ausdrücken, anzudauern (*potentia*).

Es gibt einen fundamentalen Wunsch nach der Stille, die es bedeutet, ex-zentrisch zum Leben zu sein. Wer diesen Wunsch auf reinen Nihilismus oder Selbstzerstörung reduziert, geht völlig an dem vorbei, was ich eigentlich sagen will. Mir geht es darum, dass selbstzerstörerische Verhaltensweisen der Weg – der einzige Weg – sind, auf dem einige von uns die grundlegende Sehnsucht nach Nicht-Leben, die im Zentrum unserer Subjektivität ruht, ausdrücken und erleben. Aktiv seinen eigenen Tod sterben zu wollen, ist dasselbe wie das Leben so intensiv wie möglich leben zu wollen. Mein Leben ist meine Geschichte darüber, wie ich auf meine Weise sterbe – argumentiert Phillips – und wodurch ich mein Verlangen als *potentia* ausdrücke, während *zoe* nur danach strebt, stärker zu werden und weiter zu gehen. Das Anliegen der Ethik freudiger Affirmation und des Werdens ist, dieses Bewusstsein, dieses sich Klarmachen aus der Ökonomie der Verluste zu extrahieren, aus der Logik des Mangels und der moralischen Verpflichtung, in nie endenden und unauflösbaren Zuständen des Leidens verharren zu müssen. Wir müssen über beides hinausgehen, sowohl über den Nihilismus als auch über die tragische Anteilnahme traditioneller Moralvorstellungen, um wertschätzen zu lernen, dass Sterben-Wollen eine Affirmation der *potentia* des Lebens in mir ist, das – per Definition – nicht meinen Namen trägt.

Das »Selbst«, das in und durch einen solchen Prozess »gestaltet« wird, ist weder Eins noch eine anonyme Mannigfaltigkeit: Es ist eine eingebettete und verkörperte Ansammlung von Interaktionen. Es setzt sich in und durch die Immanenz unserer Ausdrucksformen, Handlungen und Interaktionen mit anderen zusammen und wird von Kräften der Erinnerung zusammengehalten, das heißt durch eine Kontinuität in der Zeit. Ich beziehe mich auf diesen Prozess in Begriffen der Nachhaltigkeit und betone die Idee der so erzeugten Kontinuität. Nachhaltigkeit setzt einen Glauben an die Zukunft voraus sowie ein Verantwortungsbewusstsein dafür, an zukünftige Generationen eine bewohnbare und lebenswerte Welt »weiterzugeben«. Eine beständige Gegenwart ist ein nachhaltiges Modell für die Zukunft. Deshalb ist es so wichtig, beim vorletzten Glas/Zug/Schuss aufzuhören, bevor der letzte, der fatale kommt. »Genug« oder »nicht zu weit gehen«, drückt die Notwendigkeit eines Rahmens aus und nicht die Allgemeingültigkeit einer Moral der vorherrschenden, kulturellen Orthodoxie. Ein »Genug« entwirft die Kartographie der Nachhaltigkeit.

Unwahrnehmbar-Werden

Worin besteht hier nun der Zusammenhang zu einer Ethik als der qualitativen Bewertung der Kosten, die das Experimentieren mit den Grenzen der Nachhaltigkeit mit sich bringt? Deleuze, stark verbunden mit dem tiefen Materialismus seiner spinozistischen Wurzeln, legt nicht nur Wert auf die Bedeutung von Scham als Motor ethischen Verhaltens, sondern auch auf die Relevanz der

Vergänglichkeit für das Subjekt. Was wir uns als Menschen wirklich wünschen, ist, zu verschwinden, an die Seite des Lebens zu treten und es dahinziehen zu lassen, ohne es zu unterbrechen: unwahrnehmbar zu werden. Daher unser fundamentaler Trieb (*conatus*), der Potenz des Lebens (*potentia*) Ausdruck zu verleihen, indem wir uns mit anderen Werdensströmen verbünden. Das große Maschinentier-Universum bildet den Horizont des Werdens, der die Ewigkeit des Lebens als *bios/zoe* und seine Widerstandsfähigkeit markiert, sein generatives Vermögen, das auch in dem, was wir Menschen Tod nennen, seinen Ausdruck findet.

Wir Menschen sehnen uns in Wahrheit danach, durch das Verschmelzen mit diesen ewigen Werdensflüssen zu verschwinden, was den Verlust und die Unterbrechung des Ichs voraussetzt. Das Ideal wäre, nur die Erinnerungen mitzunehmen und nur Fußstapfen zu hinterlassen. Was wir uns am meisten wünschen ist, in ekstatischer Agonie das Selbst preiszugeben und damit unseren eigenen Weg des Verschwindens zu wählen, unseren Weg, für uns selbst und als wir selbst zu sterben. Dies kann auch als der Moment der Auflösung des Subjekts beschrieben werden – der Moment seiner Verschmelzung mit dem Netz der nichtmenschlichen Kräfte, die ihm Halt geben. Dieser Punkt des Dahinscheidens hat mit radikaler Immanenz zu tun, mit der Totalität des Moments, in dem du, wie Lacan zynisch und geistreich bemerkt, völlig mit deinem Körper koinzidierst, das heißt eine Leiche wirst. Unter dem Gesichtspunkt einer Ethik der Nachhaltigkeit wird dasselbe Thema verhandelt, wenn auch in subtilerer Weise und mit deutlich mehr Leidenschaft. Für Deleuze zum Beispiel macht es einen Unterschied, ob Tod entlang der majoritären Werdenslinie oder entlang der minoritären Linie auftaucht.

Im Moment ihres Dahinscheidens oder ihrer Auflösung sind Subjekte fleischgewordene Entitäten, die in die volle Intensität und Leuchtkraft des Werdens eingetaucht sind. Ihr Licht ist das von Glühwürmchen und nicht das der ewigen Lichtstrahlen eines monotheistischen Gottes; und somit Ausdruck der Lebenskraft von *zoe* und nicht die Emanation irgendeiner göttlichen Essenz. Das Leben ist ewig, aber diese Ewigkeit beruht auf der Auflösung des Selbst, des individuellen Egos, als notwendiger Prämisse. Das Leben in mir trägt nicht meinen Namen. »Ich« bewohnt es in Teilzeit. Während das Christentum auch in seinen postmodernen Varianten – ich denke an Gianni Vattimo – dies als eine Vorstufe zur Reaffirmation einer höheren Ordnung begreift, eines allumfassenden Einen, in dem alle Fragmente wieder zusammengesetzt werden und eine harmonische Neuverteilung finden, bleibt die Philosophie radikaler Immanenz entschieden der *zoe* verhaftet – der Lebenskraft wiederkehrender Wellen positiver Differenzen. In biozentriertem Egalitarismus dauert das Leben fort auf den Ruinen der Selbstrepräsentation eines vereinten, kontrollierenden individuellen Subjekts, das von einem selbstreflexiven Bewusstsein motiviert wird.

Deleuze argumentiert, dass alle Prozesse des Werdens darauf abzielen, unwahrnehmbar zu werden, doch er denkt Immanenz im Rahmen einer flachen Ontologie, die sowohl die Verkörperung des Geistes als auch die »Vergeistigung«[25] der Materie umfasst. Es gibt keinen Kollaps des Seins in Nicht-Sein und keine ontologische Implosion, sondern vielmehr eine Umwandlung jeglicher Negativität in das große Tier, den organlosen Körper, den kosmischen Hallraum infiniter Werden. Um den Prozess des Unwahrnehmbar-Werdens auszulösen, muss in dem, was wir das Selbst nennen, eine ziemliche Transformation stattfinden. Ich denke, dass das Unwahrnehmbar-Werden an dem Punkt geschieht, an dem das Selbst mit seiner Umwelt, das heißt dem Kosmos als solchem verschmilzt. Es markiert das Verschwinden des Selbst und seine Ablösung durch ein lebendiges Geflecht vielfältiger Verknüpfungen, die nicht das Ich stärken, sondern das Kollektiv, nicht die Identität, sondern affirmative Subjektivität, nicht das Bewusstsein, sondern affirmative Verbindungen.

Eine Art Schleuse kreativer Kräfte ermöglicht es, tatsächlich und völlig im Hier und Jetzt zu sein, das heißt in der gegenwärtigen Entfaltung der Potenziale sowie der Einfaltung qualitativer Verschiebungen im Subjekt. Der paradoxe Preis, der dafür bezahlt werden muss, ist der Tod des Egos – verstanden als soziale Identität oder als die Labels, mit denen *potestas* den tatsächlichen Ort unseres Körpers markiert hat. Das eröffnet die Möglichkeit einer Wucherung generativer Optionen ganz anderer Art. Schließlich ist alles, was man hat das, wodurch man angetrieben wird: Affekte. Man wird in diesen Übergängen und durch diese Begegnungen konstruiert. Es ist die letztgültige Delegation der eigenen Persönlichkeit an etwas, das du vielleicht versucht bist, Transzendenz zu nennen, nur dass es dich eben in verkörperte und eingebettete Perspektiven und in radikale Immanenz mitnimmt und nicht in weitere Abstraktionen.

Was die Zeit betrifft, so verhilft diese Strategie zu einem qualitativen Sprung in eine nachhaltige Zukunft, als würden wir die Vorgeschichte der Zukunft schreiben, wodurch wir uns schließlich in einer Gegenwart verankern, die weder nostalgisch oder rückwärtsgewandt, noch euphorisch zuversichtlich ist, sondern hier und jetzt aktualisiert wird. In diesem Sinne ist Deleuzes »Unwahrnehmbar-Werden« seine begriffliche und affirmative Antwort auf Foucaults berühmten und weitgehend missverstandenen »Tod des Subjekts«. Du musst dem Selbst sterben, um zu qualitativ feineren Werdensprozessen zu gelangen. Die Kraft, um dies zu tun und auszuhalten, kannst du aus der Zukunft schöpfen und damit hier und jetzt ein Ereignis erzeugen. Ich möchte versuchen, dies mit dem Prozess des Unwahrnehmbar-Werdens oder dem Verschmelzen mit dem Umfeld zu verbinden, das Guattari als »Chaosmose« bezeichnet.[26] Sie kennzeichnet eine andere Zeitfolge: eine qualitative Koordinatenverschiebung, die ich als einen reinen Werdensprozess beschreiben würde. Es ist das Überfluten der Gegenwart durch mögliche Zukünfte mit einem klaren Bruch zur Vergangenheit, wenn wir unter Vergangenheit zum einen die Sedimentierung von Gewohnheiten verstehen und zum anderen die institutionalisierte Anhäufung von Erfahrungen, deren Autorität vom Gedächtnis und der Identität, die es hervorbringt, besiegelt wird. Unwahrnehmbar-Werden wirft uns in das Unmögliche, in das Unbekannte: die affirmative Gegenwart. Das nennt Deleuze ein »Ereignis« oder die eintretende Aktualisierung einer nachhaltigen Zukunft.

Unwahrnehmbar-Werden ist das Hervorbrechen des Wunschs nach einer Zukunft, die der Gegenwart eine neue Form gibt. Vielleicht ist es ein Fehler, von »der Zukunft« zu sprechen, nicht zuletzt weil ihm dadurch der Beigeschmack eines New-Age Optimismus anhaftet. Deshalb formuliere ich es lieber so: Die Zeit des Werdens ist durch eine Zeitfolge gekennzeichnet, die auf Äon zurückgeht und nicht auf Chronos. Unwahrnehmbar-Werden ist ein qualitativer Sprung, der überstürzt einen Gangwechsel des existentiellen Getriebes herbeiführt, eine Beschleunigung, eine kreative Geschwindigkeit. All dies ist buchstäblich unsichtbar und kann nicht mit dem bloßen Auge wahrgenommen werden. Einige würden es spirituell nennen, doch die nomadische Philosophie fasst diese Bewegung in Begriffen der Immanenz. Uns steht kein Imaginäres zur Verfügung, um diese Verschiebungen darzustellen, weshalb auch eine Identifikation unmöglich ist. Wir können nur festhalten, dass sie den Tod des Ichs für jeden Begriff von Identität kennzeichnen oder bedeuten: Es kann nicht erkannt werden, sondern eine radikale Verlagerung zeigt die Muster von Entfremdung und Deterritorialisierung an.

Deleuze beschreibt dies mit dem Begriff Gefüge beziehungsweise »agencement«, das auf Wahrnehmungsweisen schließen lässt, die nicht subjektbasiert sind, sondern jenseits von Intentionalität und Identifizierung liegen. Nichtsdestotrotz konstituieren Gefüge Wirkmächtigkeit [*agency*] (wie in »agencement«). Diese Prozesse zwingen das Subjekt zu einem Aufschub, sie sind unvermeidlich, nicht greifbar und liegen jenseits von Reflexivität; das Unwahrnehmbar-Werden ist eine Öffnung hin zum Unerwarteten und Nicht-Vorprogrammierten. Der Prozess des Unwahrnehmbar-Werdens ist kosmisch, wenn auch nicht in einem sentimentalen oder holistischen Sinne. Im philosophischen Nomadismus hängt diese Form des Werdens vielmehr mit einem Gefühl und Verständnis dafür zusammen, sich in Verbindungen zu befinden. Das kann als eine Ethik der öko-sophischen Empathie und Affektivität gefasst werden, die ein raum-, zeit- und speziesübergreifendes Konzept ist. Biozentrierter Egalitarismus ist die Ethik nachhaltigen Werdens, das heißt affirmativer qualitativer Verschiebungen, die das Menschliche dezentrieren und verrücken. Beim Unwahrnehmbar-Werden geht es darum, das Subjekt zu einem Außen hin umzuwenden: ein sensorisches und spirituelles Ausdehnen unserer Grenzen. Es ist eine Weise, intensiver zu leben und die *potentia* auf eine Weise zu verstärken, die darauf abzielt, diese Prozesse einzufassen, sie aufrechtzuerhalten und sie auszuhalten, indem man sie an ihre Grenzen treibt. Es handelt sich um die absolute Form der Deterritorialisierung und ihr Horizont liegt jenseits der Unmittelbarkeit des Lebens.

Unwahrnehmbar-Werden ist das Ereignis, für das es keine unmittelbare Darstellung gibt. Wir können nur versuchen, es als Erfahrung abzuspeichern, die wir nicht der Vergangenheit oder Zukunft, wie wir sie kennen, zuordnen können. In diesem Stadium des Werdens ist das Individuum, das (es) begehrt (diesen Prozess zu unterlaufen), bereits vergangen und das aufnehmende Individuum ist noch nicht da. Darin liegt das Paradox nomadischer Subjektivität auf dem Höhepunkt ihres Prozesses anders-als-sie-selbst zu werden und sich in der Spannung zwischen dem Nicht-mehr und dem Noch-nicht zu befinden. Bricht in der Gegenwart eine nachhaltige Zukunft hervor, werden virtuelle Möglichkeiten in der Gegenwart aktualisiert. Dies kennzeichnet eine qualitative Transformation und den Nicht-Ort, an dem das Nicht-mehr und das Noch-nicht sich ineinander verkehren, sich in ihr jeweiliges »Äußeres« entfalten und darin einfalten. Dadurch werden Kurzschlüsse der linearen Zeit und kreative Feuersbrünste verursacht. Es erzeugt einen Ansprung des Vertrauens in die Welt, doch es handelt sich nicht um einen Akt, der verstanden werden kann, ohne die darin produzierten Wandlungen und Verbindungen zu berücksichtigen. »Werden« ist ein Weg, diesen Sprung zu meistern und zu bestimmen – es ist die tatsächliche Transmutation der Werte, die uns aus der Leere der kritischen Negativität herausbefördert, hinein in die paradoxerweise generative Leere der Positivität beziehungsweise der vollen Affirmation. Es ist eine Verlockung oder Verführung in das Leben hinein, die mit der gespenstischen Ökonomie einer ewigen Wiederkunft des Gleichen bricht und auf diese Weise den Tod transzendiert: Es ist das Welt-Werden des Selbst.

An diesem Punkt des Unwahrnehmbar-Werdens kann ein Subjekt nur noch seine Einwilligung in den Verlust von Identität (definiert als Nebenprodukt von *potestas*) registrieren und respektvoll mit dem Prozess verschmelzen, das heißt mit seiner oder ihrer Umwelt. In Ermangelung einer besseren Welt, könnten wir das die unzeitgemäße Präsenz des Todes nennen, andere nennen es »Anbetung«.

Wenn das Leben nicht menschlich ist, kann es ebensowenig göttlich sein – und mit Sicherheit nicht in jener religiösen Weise, die die aufgeblasene Projektion von Paranoia und Narzissmus des westlichen Subjekts in seiner molaren Ausprägung darstellt. Nomadisches Unwahrnehmbar-Werden neigt zu einer Spiritualität, die das Gegenteil ist von jenem sentimentalen Mystizismus, der dem Christentum so teuer ist. Aber sie ist auch kein Sprungbrett in die Datenbank des Himmels, damit wir im Vielfliegerprogramm unseres Seins Punkte einlösen können, um ein Upgrade für die ViP-Lounge im Himmel zu erhalten. Nomadische, postsäkulare Ethik ist keine Moral von Zusatzleistungen mit dem Interesse, aus gutplazierten moralischen Investitionen Kapital zu schlagen, sondern eine Ethik des Nonprofit oder sogar des Antiprofit. Jenseits von Politiken metaphysischer Lebensversicherung erfreut sie sich an unentgeltlichen Akten der Liebenswürdigkeit im Modus eines Welt-Werdens des Subjekts. Sie ist die Freude, etwas umsonst wegzugeben, selbst wenn du dir nicht sicher bist, dass du es besitzt – gib es um Himmels willen, lass es gehen aus Liebe zur Welt.

Diese profunde Großzügigkeit, die im Christentum einer mystischen Verschmelzung mit dem Kosmos gleichkam, beinhaltet das Aufgehen des Subjekts in einem Prozess der Ausweitung des Felds des Seins. Sie steht im Zusammenhang mit

Jouissance bei Lacan, im Sinne der Auslöschung der Grenzen des Selbst in Situationen höchster Erotik. Insofern ist Großzügigkeit mit dem Weiblichen verbunden, das als Fluidität, Empathie, Genuss, Unverschlossenheit, Intensität und einem Sehnen danach, in nicht besitzergreifender Weise anders zu sein, definiert wird. Unwahrnehmbar-Werden ist das letzte Stadium des Frau-Werdens, da es den Übergang zu einer größeren, »natürlichen« kosmischen Ordnung kennzeichnet. Clarice Lispector beschreibt es als ein Oratório, einen Gesang des Lobes und der Akzeptanz all dessen, was ist. Für den Nomadismus gilt daher die Herausforderung, allem, was uns geschieht gerecht zu werden – in einer pragmatischen Variante des amor fati. Alles, was je geschieht, ist die Wiederkunft der Differenz in aufeinanderfolgenden Wellen wiederholten, sukzessiven und exzessiven Werden, an denen »ich« teilnehme und darin geprägt werde, während *zoe* als ihr Motor fungiert.

Diese Ethik des Werdens ist eine Möglichkeit, »Leben« nicht als selbstverständlich zu nehmen und die radikale Immanenz der Subjekte hervorzuheben: Ihr Vorschlag ist, Unwahrnehmbar-Werden als transzendentalen Empirismus zu betrachten. Die letzte Schwelle ist ein kosmischer Hallraum, der wie ein Netz verbundener, posthumaner, molekularer und viraler Typen von Beziehungsaffekten und Intensitäten wiederhallt. Es ist die monströse Energie der intelligenten Materie, das große Tier, die maschinelle Produktion von Göttern. Es ist tatsächlich der Fall, dass das Leben in mir weitergehen wird, doch dieses Leben ist *zoe* und nicht das rationale Bewusstsein oder das souveräne Individuelle. Es wird in den höchsten generativen Kräften eines Lebens weitergehen, das in seiner Macht anzudauern und in seiner obszönen Fähigkeit, die Vitalität, die es antreibt, auszufüllen, hartnäckig nicht menschlich ist. Leben wird weitergehen, so wie *zoe* es immer tut – so sehr, dass es das klassische Dilemma überflüssig macht: Wähle das Leben (*bios*) und nicht den Tod (*Thanatos*)! – und mit jenem ersetzt: Gib mir Leben (*zoe*) und somit Tod! Die ethische Antwort auf diese falsche Zwickmühle ist die von Molly Bloom in Ulysses, oder die von Deleuze am Ende seines Lebens. »ja ich will Ja« sagt sie, als sie ihr Herz aufmacht und kommt. Und er sagt: »Ja ich will« als er das Fenster öffnet und geht. Eine fragile und doch beständige Affirmation: Ja! Der Rest ist Schweigen.

1 Ich danke Judith Butler für diese Umschreibung meiner Arbeit.

2 Vgl. Moira Gatens, Genevieve Lloyd, *Collective Imaginings*, London, New York 1999.

3 In den deutschen Übersetzungen von Lacan wurde »limite« mit »Schranke« übersetzt, wohingegen in den deutschen Übersetzungen von Deleuze »limite« mit »Grenze« übersetzt wurde. (A.d.Ü.)

4 Vgl. Jackie Stacey, *Teratologies. A Cultural Studie of Cancer*, London u.a. 1997.

5 Vgl. Nikolas Rose *The Politics of Life Itself. Biomedicine, Power, and Subjectivity in the Twenty-First Century*, Princeton (NJ) 2007.

6 Mein Dank gilt Yves Abrioux, der mir diesen Punkt auf der Deleuze-Konferenz in Köln 2004 klargemacht hat.

7 Giorgio Agamben, *Homo sacer. Die souveräne Macht und das nackte Leben*, übers. von Hubert Thüring, Berlin 2012.

8 Vgl. Rosi Braidotti, *Metamorphoses. Towards a Materialist Theory of Becoming*, Cambridge 2002.

9 Vgl. Gilles Deleuze, Félix Guattari, *Anti-Ödipus. Kapitalismus und Schizophrenie I*, übers. von Bernd Schwibs, Frankfurt a.M. 1988 und dies., *Tausend Plateaus. Kapitalismus und Schizophrenie II*, übers. von Ronald Vouillé und Gabriele Ricke, Berlin 1992.

10 Wie Michael Hardt und Antonio Negri in *Empire* herausstellen (übers. von Thomas Atzert und Andreas Wirthensohn, Frankfurt a.M. u.a. 2003).

11 Vgl. Genevieve Lloyd, *Part of Nature. Self-Knowledge in Spinoza's Ethics,* Ithaca (NY) 1994.

12 Genevieve Lloyd, *Spinoza and the Ethics*, London 1996, S. 94.

13 André Pierre Colombat, »November 4, 1994: Deleuzes Death as an Event«, in: *Man and World*, Nr. 29, 1996, S. 241.

14 Keith Ansell-Pearson *Viroid Life*, London, New York 1997, S. 62.

15 Philip Goodchild, *Deleuze & Guattari. An Introduction to the Politics of Desire*, London 1996, S. 208.

16 Genevieve Lloyd, *Part of Nature,* a.a.O.

17 Ebd., S. 132.

18 Ebd., S. 133.

19 Ebd., S. 137.

20 Ebd., S. 138.

21 Dorothea Olkowski *Gilles Deleuze and the Ruin of Representation,* Berkeley 1999, S. 177.

22 Keith Ansell-Pearson *Viroid* Life, a.a.O., S. 58.

23 Adam Phillips, *Darwins Würmer und Freuds Tod*, übers. von Florian Langegger, Göttingen 2007.

24 Ebd., S. 96.

25 Ich entleihe diesen Begriff John Marks. Vgl. John Marks, *Gilles Deleuze. Vitalism and Multiplicity*, London 1998.

26 Vgl. Félix Guattari, *Chaosmose*, übers. von Thomas Wäckerle, Wien, Berlin 2014.

Intensives Genre
und das Verschwinden von Geschlecht

Hätten wir einen scharfen Blick und ein waches Gefühl für das alltägliche Leben der Menschen, so wäre es, als hörten wir das Gras wachsen und das Herz des Eichhörnchens schlagen, und wir würden an dem Getöse sterben, das jenseits des Schweigens herrscht. So wie es jetzt ist, laufen die Empfänglichsten unter uns wohlwattiert mit Stumpfheit herum.

George Eliot, *Middlemarch*[1]

Weshalb wir nun eine große Lücke lassen, die als Hinweis genügen muss, dass diese Stelle bis zum Rand gefüllt ist.

Virginia Woolf, *Orlando*[2]

Ihr habt die Individuation eines Tages, einer Jahreszeit, eines Jahres, *eines Lebens*. [...] eines Klimas, eines Windes, eines Nebelschwadens, eines Schwarms, einer Meute [...] Ein Heuschreckenschwarm, der um fünf Uhr nachmittags vom Wind herbeigeweht wird; ein Vampir, der in der Nacht umgeht, ein Werwolf bei Vollmond. [...] Eine Haecceïtas ist ein regelrechtes Gefüge in seiner individuierten Gesamtheit. [...] Der Wolf selber oder das Pferd oder das Kind sind nicht länger Subjekte, sondern werden Ereignisse, und zwar in Gefügen, die von einer Stunde, einer Jahreszeit, einer Atmosphäre, einer Luft oder einem Leben nicht getrennt werden können.

Gilles Deleuze, Félix Guattari, *Tausend Plateaus*[3]

Im vorliegenden Essay möchte ich darlegen, inwiefern Virginia Woolfs umfassendes Werk das einzigartige Beispiel eines intensiven Genres ist, das sich transversal zu einer Reihe etablierter literarischer Formen verhält und eine qualitativ eigene Gattung bildet. Ich werde dieses intensive Genre mit dem Prozess nomadischen Werdens verknüpfen, und zwar mit besonderem Nachdruck auf die Konzepte der Kreativität und des Begehrens. Meiner Argumentation zufolge veranschaulichen Woolfs Arbeiten nicht nur das Frau/Tier/Welt-Werden in dem von Gilles Deleuze und Félix Guattari theoretisierten minoritären Modus, sondern auch den Prozess, der den anderen immanent und somit deutlich machtvoller (im Sinne von *potentia*[4]) ist, nämlich den Prozess des Unwahrnehmbar-Werdens. In dieser Hinsicht drückt Woolfs »Bewusstseinsstrom« mit frappierender Genauigkeit sowohl die Serialität als auch die radikale Immanenz und strukturelle Bedingtheit der Wiederholungsmuster aus, durch die qualitative Prozesse der Transformation verwirklicht werden können. So erfindet Woolf ein eigenes Genre – das intensive Genre des Werdens.

Nomadisches Werden und Woolfs intensives Genre

Kreativität ist insofern ein nomadischer Prozess, als dass sie zu einer aktiven Verschiebung der vorherrschenden Ausprägungen von Identität, Erinnerung und Identifizierung führt. »Nomadisch-Werden« als Variation des Themas »Minoritär-Werden« bedeutet weder, das Pendel dialektischer Gegensätze zu schwingen, noch ist es die Entfaltung einer Essenz in einem teleologisch bestimmten Prozess, der von einem transzendenten Bewusstsein überwacht wird. Nomadisches Werden bedeutet vielmehr eine Affirmation der unumstößlich positiven Struktur der Differenz, herausgelöst aus dem binären System, das die Differenz traditionellerweise der Gleichheit gegenüberstellte. Differenz als Positivität beinhaltet einen vielfältigen Wandlungsprozess, das heißt ein Spiel der Komplexität, der das Prinzip des Nicht-Eins ausdrückt. Dementsprechend ist das denkende Subjekt weder Ausdruck tiefer Innerlichkeit, noch ist es die Umsetzung transzendentaler Modelle reflexiven Bewusstseins. Es ist ein kollektives Gefüge und die Schaltstelle eines Netzes komplexer Beziehungen, die die zentrale Rolle jener Identitätsbegriffe verschiebt, die stets nur auf ein *Ich* verweisen.

Werdensprozesse ziehen laut Deleuze ihre deterritorialisierende Kraft aus einem energetischen Kern oder einem vibrierenden Zentrum der Aktivität, das den kreativen Pol der Macht als *potentia* darstellt. Dies steht dem restriktiven Pol institutionalisierter Macht als *potestas* gegenüber, der die Kräfte ausschließlich nachbilden und aufrechterhalten kann. Nur potenzielle und freudvolle Affirmation hat die Macht, in Werdensprozessen qualitative Veränderungen zu erzeugen; daher das Axiom, dass es auch anderes Werden gibt als das Minoritär/Nomadisch/Frau/Tier/Andere-Werden. Laut Moira Gatens und Genevieve Lloyd ist dieses nomadische Werden eine Ethologie, das heißt ein Prozess von Ausdruck, Komposition, Auswahl und Bündelung von Kräften, die auf eine positive Wandlung des Subjekts abzielen.[5] Damit gehört es ganz wesentlich zum Projekt einer kreativen Neubestimmung philosophischer Vernunft und ihres Verhältnisses zu konzeptueller Kreativität, Vorstellungskraft und Empfindsamkeit.

Werden bedeutet in gewisser Hinsicht, das Selbst auszuleeren, es für mögliche Begegnungen mit dem »Außen« zu öffnen. Virginia Woolfs intensives Genre ist hier insofern beispielhaft, als dass das »Auge« der Künstlerin die Außenwelt einfängt, indem es sich für die Gesamtheit der Wahrnehmung empfänglich macht. Es wird eine scheinbar geistesabwesend flottierende Aufmerksamkeit oder eine fluide Sensibilität aktiviert, die porös gegenüber der Außenwelt ist und die von unserer Kultur als »weiblich« kodiert wurde. Diese Sensibilität bildet den Kern des kreativen Prozesses. Sie kombiniert die Genauigkeit der Kartograph*in mit der Überempfindsamkeit des sinnlich-aufnahmefähigen Menschen [*sensualist*], der präzise die Eigenschaften eines Gefüges verschiedener Elemente erfasst, wie den Schatten in der Abenddämmerung oder das Drehen des Windes kurz vor dem Regen. In diesen Momenten flottierender Achtsamkeit, wenn die rationale Kontrolle ihren Halt verliert, stürmt das »Leben« mit außergewöhnlicher Kraft und hoher Auflösung auf den sinnlichen Wahrnehmungsapparat ein. Dieser Ansturm von Sinneseindrücken [*data*], Informationen und Empfindsamkeit ist das relationale Band, das das Selbst aus dem schwarzen Loch seiner atomisierten Isolation heraustreibt und es zugleich in abertausende Teilchen von Dateneindrücken zerstreut. Von Deleuze als das Falten in und aus der Wahrnehmung entworfen, bestätigt es auch die Singularität dieser einzelnen Entität, die in diesem Ansturm der Eindrücke und Empfindungen überhaupt erst zu sich gelangt und sich neu zusammensetzt.

Man muss den Zusammenstoß mit der einstürmenden Affektivität aushalten können, ihn »halten«, ohne völlig davon überwältigt zu sein. Aber ihn zu »halten« oder ihn zu erfassen, geschieht nicht nach dem paranoiden oder alles vereinnahmenden Modell eines vorherrschenden, dialektisch angetriebenen Bewusstseins. Vielmehr nimmt es die Form eines nachhaltigen Modells eines empfindsamen, entpersonalisierten, hochgradig empfänglichen

Subjekts an, das schlicht nicht eins ist, nicht da ist und nicht dieses oder jenes ist. Wie Virginia Woolf schreibt: »Ich bin verwurzelt, aber ich flute.«[6] Die Einzigartigkeit dieser nomadischen, fließenden Subjektivität beruht auf den Raum-Zeit-Koordinaten, die es uns erlauben, mit nichts weiter zu koinzidieren als dem Maß, den Ebenen, der Ausdehnung und Ausweitung des einstürmenden »Außen«, das sich ins Innen einfaltet. Mobilisiert wird dabei unsere Fähigkeit, den Zusammenstoß mit der komplexen Materialität des Außen zu fühlen, wahrzunehmen, zu verarbeiten und auszuhalten.

Die Prozesse und Ströme des Werdens und die erhöhten Zustände der Wahrnehmung und Aufnahmefähigkeit, die sie sowohl voraussetzen als auch hervorrufen, stellen die kanonischen Genreklassifikationen in Frage und führen eine Art Parallelität zwischen den Künsten, den Wissenschaften und dem konzeptuellen Denken ein. Konvergenzpunkt ist das Streben nach Kreativität, und zwar als ein Experimentieren mit dem Eintauchen der eigenen Sensibilität in das Feld der Kräfte – so wie sie von Musik, Farben, Ton, Licht, Geschwindigkeit, Temperatur und Intensität gestaltet sind. In *Was ist Philosophie?* argumentieren Deleuze und Guattari beispielsweise, dass Schriftsteller das Unsagbare sprechen, Maler Kräfte sichtbar machen, die bisher nicht sichtbar waren, und Komponisten uns bisher ungehörte Klänge vernehmen lassen.[7] Gleichermaßen können Philosoph*innen Konzepte denkbar machen, die bisher noch nicht existierten. Künstlerische Genres sind Variablen, die entlang eines Kontinuums koexistieren. Dies lässt sich auf eine Stilfrage herunterbrechen, doch ist Stil hier nicht bloß ein rhetorisches Mittel, sondern ein Navigationsinstrument. Er steuert unseren Weg durch eine Reihe materieller Koordinaten, die, wenn sie auf nachhaltige und beständige Weise aneinandergefügt und komponiert werden, eine qualitative Transformation der Affekte und beteiligten Kräfte ermöglichen. Dadurch lösen sie den Prozess des Werdens aus.

Die Vorstellungskraft spielt eine entscheidende Rolle bei der Ermöglichung des gesamten Prozesses des Minoritär-Werdens und somit auch der konzeptuellen Kreativität und ethischen Ermächtigung. Sie ist mit dem Gedächtnis verbunden: Die affektive Kraft der Erinnerung ist das Antriebsmoment des Intensiv-Werdens. Wenn du dich in einem intensiven oder minoritären Modus erinnerst, öffnest du Räume für Bewegung und Deterritorialisierung, die virtuelle Möglichkeiten aktualisieren, welche im Bild der Vergangenheit erstarrt waren. Diese virtuellen Räume zu eröffnen, ist ein kreativer Kraftakt. Wenn du dich daran erinnerst oder dich darauf besinnst, das zu werden, was du bist – ein Subjekt-im-Werden – dann erfindest du dich eigentlich auf der Basis dessen neu, was du hoffst, *with a little help from your friends* werden zu können.

Es ist in der Tat entscheidend, sich anzusehen, in welch hohem Maß die Werdensprozesse kollektiv, intersubjektiv und nicht individuell oder isoliert sind: Hier spielen stets Werdensblöcke eine Rolle. »Andere« sind integraler Bestandteil des eigenen, schrittweisen Werdens. Ein deleuzianischer Ansatz begrüßt die Erosion eines liberalen Verständnisses von Subjekt und die damit einhergehende Überwindung der Dualismen Selbst/Andere und Gleichheit/Differenz, die diesem Subjektbegriff innewohnen. Subjekte sind kollektive Gefüge, das heißt sie sind dynamisch und doch eingefasst: Felder von Kräften, die auf ein Andauern und eine affirmative Selbstverwirklichung ausgerichtet sind. Für diese Selbstverwirklichung, müssen sie entlang einer Kompositionslinie gebündelt werden – vergleichbar mit dem Abstimmen eines musikalischen Tons.

Sich in einem nomadischen Modus zu erinnern, ist das Schlüsselelement dieses Prozesses. Woolfs Arbeiten spiegeln die duale Struktur von Zeit wieder: die lineare – *Chronos* – und die undifferenzierte – *Äon*. Sein und Werden stehen sich in einem unsicheren Gleichgewicht gegenüber. *Äon* ist die »reine, leere Form von Zeit«, ohne Inhalt, die von Vibrationen des Werdens durchzogen ist. Auch wenn dies Chaos ist, so ist es dennoch nicht chaotisch sondern erzeugend.[8] Es produziert Gefüge, die den Raum und die Zeit um sich herum organisieren. Die Haecceïtas oder das individuierte Aggregat ist die spezifische und hochgradig kontingente Aktualisierung eines Felds von Kräften, die ausreichend stabil sind und deren strukturelle Nähe dieses Feld verdichtet, sodass sich eine Immanenzebene herausbilden kann.

Sich in einem nomadischen Modus zu erinnern, ist die aktive Neuerfindung eines Selbst, das freudvoll diskontinuierlich ist, anstatt trauervoll konsistent zu sein, wie es von der phallogozentrischen Kultur vorprogrammiert wurde. Dieses Sich-Erinnern destabilisiert die Heiligkeit der Vergangenheit und die Autorität der Erfahrung. Die Zeitform, die die Stärke der Vorstellungskraft am besten ausdrückt, ist das Futur II: Ich werde frei gewesen sein. Virginia Woolf zitierend, sagt Deleuze: »Es wird Kindheit sein, aber es darf nicht meine Kindheit sein.«[9] Weg von den versichernden Plattitüden der Vergangenheit, hin zu den Öffnungen, die durch das Futur II angedeutet werden: Das ist die Zeitform eines virtuellen Gespürs für Potenzial. Gedächtnisse brauchen die Vorstellungskraft, um die Aktualisierung virtueller Möglichkeiten im Subjekt zu ermächtigen. Sie erlauben dem Subjekt, so weit wie möglich von sich selbst abzuweichen und sich gleichzeitig treu zu bleiben, das heißt anzudauern.

Die »Immanenzebene« komponiert und erhält die Aktualisierung von Werdensprozessen so, dass sie relational, äußerlich und kollektiv sind. Das Begehren verhandelt genau diesen Prozess der Komposition und Assemblage von Kräften als eine ontologische Schicht der Affinität und Sympathie zwischen verschiedenen verkörperten Subjekten.

Diese intensive Herangehensweise an Prozesse des Werdens folgt nicht einem Hegel'schen Projekt der Erkenntnis von Bewusstsein und postuliert weder Begehren als Mangel noch Rationalität als zwangsläufig mit dem gewaltvollen Kampf um Autonomie verknüpft.[10] Begehren als Fülle stellt vielmehr die Setzung in Frage, nach der die transzendente Kategorie des Selbst Zugang zu Erkenntnis hat, während jene des Anderen diesen Zugang nicht hat. Werden ist molekular, da es das individuelle Verwerfen internalisierter Simulakren des Selbst erfordert, die durch Gewohnheiten und platte Wiederholungen konsolidiert worden sind. Eine dynamische Auffassung von Subjekt als Gefüge bildet den wesentlichen Kern einer vitalistischen und doch antiessentialistischen Theorie des Begehrens, die neue Praktiken nachhaltiger Ethik anregt.

Begehren ist die treibende und anziehende Kraft, die von Selbstaffirmation und der Transformation negativer in freudige Leidenschaften angespornt wird. Es handelt sich nicht um das Begehren, etwas zu bewahren, sondern um das Begehren, etwas zu verändern: eine tiefe Sehnsucht nach Wandlung oder ein Prozess der Affirmation. Empathie und Mitgefühl sind Schlüsselfähigkeiten dieser nomadischen Sehnsucht nach tiefgreifendem Wandel. Der Raum des Werdens ist ein Raum der Affinität und

Korrelation von Elementen, von miteinander kompatiblen und sich gegenseitig anziehenden Kräften und den konstitutiven Elementen des Prozesses. Nähe, das heißt Anziehung und intellektuelle Sympathie, ist sowohl ein topologischer als auch ein qualitativer Begriff: eine Frage der ethischen Temperatur. Nähe bildet den affektiven Rahmen für das Werden von Subjekten als empfindsamer oder intelligenter Materie. Die Affektivität der Vorstellungskraft ist der Motor dieser Begegnungen und der konzeptuellen Kreativität, die diese Begegnungen auslösen. Sie ist eine transformierende Kraft, die vielfache und heterogene »Werden« des Subjekts vorantreibt.

Die schiere Genialität von Virginia Woolf liegt in ihrer Fähigkeit, ihr Leben als eine Geste des Durchgangs zu schildern. In *Die Wellen* fängt Woolf beispielsweise die konkrete Mannigfaltigkeit – und schimmernde Intensität – des Werdens ein. Sie ist die Autorin vielfachen und intransitiven Werdens zwischen den Altersstufen, Geschlechtern, Elementen und Charakteren. Woolfs Texte bringen ein Fließen von Positionen, ein Überschreiten von Grenzen und das Ausufern in eine überbordende Fülle von Affekten hervor, in denen das Leben in höchstem Maße zur Geltung kommt. Sie ist eine intensive Vervielfältigerin von Affekten. Woolf liefert Deleuze auch ein Modell für die »Immanenzebene«, auf der sich verschiedene Elemente begegnen und Kräftegefüge herstellen können, ohne die es kein Werden gibt. Mit schonungsloser Intensität formuliert sie den Schmerz, der im Versuch liegt, die Heterogenität des Lebens als *zoe*, als freudige Vitalität zu synchronisieren.

Obwohl Deleuze in *Dialoge* und *Tausend Plateaus* die außergewöhnliche Position Woolfs als Vermittlerin oder Relais dieses leidenschaftlichen Werdensprozesses würdigt, bemüht er sich sorgfältig darum, Woolfs Werke von ihrem Frausein zu trennen und erst recht vom Stil der »écriture féminine«, der durch den Differenzfeminismus seit den 1980er Jahren populär gemacht wurde. Woolfs Sprache drückt die Erlebte Rede aus, die für die nomadische Auffassung vom Subjekt als heterogenem Gefüge zentral ist. Dennoch ist etwas von dem, was die Differenzfeministinnen die »weibliche libidinöse Ökonomie« des Exzesses ohne Selbstzerstörung und Begehren als Fülle ohne Mangel nannten, wesentlich für das gesamte Deleuz'sche Projekt des Werdens.[11] Deshalb stellt er das »Frau-Werden« so prominent als einen notwendigen Moment des Übergangs in seinem Denken heraus, und zwar nicht nur in seiner Subjektphilosophie, sondern auch in den damit zusammenhängenden Theorien der Ästhetik und Kunst. Trotzdem gelingt es Deleuze nicht, wie ich an anderer Stelle ausführlich dargelegt habe, seine eigene Ambivalenz dazu auflösen.[12]

Woolfs intensives Genre und ihr Gespür für die Affirmation freudiger Leidenschaften liefern nicht nur eine bedeutsame Illustration der Funktionen des Schreibens und Begehrens, sondern bieten ebenso die Grundlage für eine Ethik der Nachhaltigkeit. Der intensive Text ist Ort eines Experiments – ein Labor für das Neue im Sinne von Umsetzungen der im Werden begriffenen Experimente. Der literarische Text als ein Experimentieren mit nachhaltigen Modellen des Wandels ist eine Versuchsanordnung, die auf exaktem Wissen beruht und denselben strengen Beweisführungen wie Wissenschaft und Philosophie unterliegt. Diese grundlegende Parallelität nimmt keine Rücksicht auf die Trennungen verschiedener Felder, Disziplinen und Textgattungen. Leben, Wissenschaft und Kunst sind gleichermaßen in das Projekt des Experimentierens mit Transformationen eingeschrieben. Die Autorin, Schriftstellerin und Agentin ist eine komplexe Mannigfaltigkeit, ein Faktor der Ermächtigung der *potentia*, das heißt eine Vervielfältigerin virtueller Möglichkeiten aufgrund der rigorosen Anwendung der Kompositionsregeln der Gefüge. Leben als *zoe* wird als eine brillante Komplexität verhandelt, als kosmisch oder vielmehr: »chaosmotisch«[13] und seinem Wesen nach vitalistisch.

Erlebte Rede oder: Schreiben mit Akzent

Sowohl in Virginia Woolfs Briefen und Tagebüchern als auch in ihrer Belletristik spielt die Gestalt von Vita Sackville-West eine wesentliche Rolle – als Freundin, Geliebte und reales Vorbild für *Orlando*. Besonders auffällig ist das hoch aufgelöste Feld der Wahrnehmung, das Woolf zum Leben erweckt und gewissermaßen organisiert. Von ihrer ersten Begegnung 1922 an, die Woolf in ihren Tagebüchern gewissenhaft dokumentierte, bis an ihr Lebensende steht Vita für eine Lebenskraft mythischen Ausmaßes. Vita, die einerseits deutlich durch die Brille erotischen Begehrens überhöht wird doch andererseits weit über die launenhaften Streiche Eros' – dieser grausamen Gottheit – hinausgeht, bleibt auf lange Sicht gesehen in ihrem eigenen Feld. Dieses Feld ist eines des unaufhörlichen Werdens. Raumzeitliche Koordinaten scharen sich um Vita, definiert von ihren statuenhaften Beinen, der Wölbung ihrer Schultern, der besonderen Färbung ihrer Haut: Sie organisiert Virginias Kosmos um sich herum. Die spezifische Eigenschaft des Lichtes, das sie umgibt, wird in den Tagebüchern mit mathematischer Genauigkeit dokumentiert und nacherzählt und liegt für sie in einem delphinischen Strahlen,

»rosaglühend, klunker und perlenbehangen« (21.12.1925).[14] Über Vita erfährt das Leben eine Beschleunigung, die der rasenden Geschwindigkeit des Begehrens und ebenso der erträglicheren Leichtigkeit des Werdens geschuldet ist. Der Raum füllt sich mit Wärme, mit dieser schillernden Intensität, die wir auch in Woolfs Romanen finden. Die sinnliche Wahrnehmung steigert sich, es fließen tiefe Nähe und unermessliche Empathie:

> »Vorgestern abend war Vita hier; & als sie ging, begann ich, das Besondere des Abends zu spüren – daß es Frühling würde: ein silbernes Licht; vermischt mit den frühen Laternen; die Droschken, die alle durch die Straßen rasten; ich hatte einen ungeheuer starken Eindruck von beginnendem Leben; gemischt mit dieser Empfindung, die die Essenz meines Gefühls ist, sich aber der Beschreibung entzieht [...] [Ich] merkte [...] wie der Frühling beginnt, & Vitas Leben in seiner Fülle & Blüte; & all die Türen, die aufgehen; & das ist, glaube ich, der Falter, der seine Flügel in mir schüttelt.« (16.02.1930)[15]

Virginia wird sich an diese Affekte erinnern und deren raumzeitliche Koordinaten ihr ganzes Leben lang abrufen können, auch wenn die tatsächliche Beziehung zu Vita später ihre Brillanz einbüßt. Diese raumzeitlichen, geographischen, historischen und meteorologischen Eigenschaften *sind* Vita – als ein Vektor für *zoe* – und bilden die Immanenzebene, auf der sie und Virginia einen Werdensprozess aktivieren, der über ihre psychologische, sexuelle und Liebesbeziehung hinausgeht. Es geht um etwas Grundlegenderes und Unverstelltes: Das Begehren zeichnet seine eigenen affektiven Landschaften.

Der vielgestaltige Vitalismus der Begegnung zwischen Vita und Virginia ruft einen Werdensblock und die Bedingungen dessen hervor, was wir üblicherweise Begehren nennen würden. Worauf ich hinaus will, ist jedoch die unpersönliche oder vielmehr a-persönliche Weise der Interaktion, die sich in dieser Begegnung abspielt und sie zu einer nachhaltigen macht. Autorinnen, Charaktere, Texte, Freundinnen und Liebhaberinnen sind Werdensblöcke, in deren Form sich eine Virtualität aktualisiert, die sich selbst erst durch die Beziehung oder Verbindung zwischen Vita und Virginia eingestellt hat. Im Raum zwischen uns herrscht eine aktive Intensität; er ist fruchtbar und erzeugend. Die Affekte, Konzepte und Wahrnehmungen, die von Kunst, Wissenschaft oder Literatur in Gang gesetzt werden, sind zahlreich, infinitesimal und liegen in den abertausenden möglichen Kombinationen, die wiederum das Antriebsmoment bisher nicht aktualisierter Potenziale des wirklichen Lebens sind.

Es lässt sich eine Art Geometrie, Geologie und Meteorologie jener Kräfte ausmachen, die sich um die Akteurinnen V&V versammeln, ohne jedoch mit ihnen vollständig zu koinzidieren. Die Leser*in kann diese Kräfte nachvollziehen, wenn sie eine Ethologie der Affekte oder die Kartographierung ihrer Effekte betreibt. Der vorrangigste dieser Effekte ist die schiere Lust, die Freude oder gar die *jouissance*, die nichts anderes ist als eine Art Beschleunigung, ein Intensiv-Werden der Existenz: »Leben in seiner Fülle & Blüte«, wie Woolf wunderbar ausdrückt. Zweitens und in gewisser Hinsicht bedeutsamer produziert es das Schreiben, was der Bezug auf den »Falter, der seine Flügel in mir schüttelt« andeutet, der wiederum die Aktivierung von Woolfs hochempfindsamen inneren Sensoren anzeigt. Frau-Werden, Tier-Werden und schreibende-Maschine-Werden schreiten in gleichem Tempo voran und umgrenzen einen Ort perfekter Stille.

Um die Intensität und Größe dieser Begegnung – und somit der möglichen Werden, die sie aktiviert – einzuschätzen, ist der beste Weg, sich der Literatur selbst zuzuwenden: den Briefen, Tagebüchern und Romanen. Alle Beziehungen Virginia Woolfs vermischten Arbeit und Spiel, Leben und Schreiben – etwas, das mit der Beziehung zu ihrem Ehemann Leonard bereits begann. Wobei Vita mit ihrem Aussehen, ihrer Intensität und ihrem unkonventionellen Benehmen weit mehr und besseren Zunder liefert als die meisten anderen. Die Affekte und Leidenschaften sind jedoch nicht funktional der Produktion schriftstellerischer Arbeit untergeordnet. Begehren ist kein gewinnorientierter Mechanismus und sein Beitrag zu sinnstiftender Produktion ist nur die Form, die es annimmt, um sich auszudrücken: Begehren ist immer das Begehren nach einem Ausdruck und danach, Dinge geschehen zu lassen. Wie Elspeth Probyn schreibt: »Begehren ist hier keine Metapher; es ist eine Methode, Dinge zu tun und etwas zu erreichen. Begehren ist hier die Verbindungs- und Kommunikationsweise zwischen Dingen und gibt unweigerlich den Weg zu deren Wörtlichkeit frei.«[16] Die immanente und intensive Herangehensweise trägt zu einer Abwesenheit von Metaphorik und einem erneuten Augenmerk auf konkrete, buchstäbliche Aktualisierungen bei.

Dennoch ist Begehren ein Mehrwert, der sich durch den Ausdruck von Empfindsamkeit und deren erfolgreichen Zusammentreffen mit anderen Kräften ergibt. In gewisser Weise ist es eine Gabe, die jedoch von der politischen Tauschökonomie losgelöst ist, welche durch Mangel und Negativität reguliert wird. Virginia und Vita können einfach nicht anders, als an, über und durch einander zu schreiben: eine Sucht. Eine Sucht nach was? Eine Sucht nach »Leben«, eine Verführung ins »Leben«, in den Adrenalinschub; eine Sucht nach der Intensivierung des Seins und dem Energieschub, der in der Raum-Zeit-Zone ihrer Begegnung stattfindet. Der Raum zwischen uns ist kreativ und erzeugend. Er steckt ein Geflecht von Werden ab, ein Spinnennetz von Potenzialen. Zusammen werden wir etwas anderes, als was wir waren, bevor wir uns nahe wurden. Sexualität ist nicht der »Grund« oder die treibende Kraft der Begegnung (die beiden Frauen waren nur zufällig Geliebte), sondern bloße Folge einer grundlegenderen Perspektivverschiebung, die sie jeweils füreinander in Gang setzen: *Potentia* wird aktiviert.[17]

Betrachten wir das spezifische Genre ihrer Korrespondenz. Es handelt sich weder um eine Biographie noch um Liebesbriefe. Die Begegnung von V&V birgt vielmehr die mit gewissenhafter Regelmäßigkeit geführte Entfaltung virtueller Schichten der *potentia*, die Aktualisierung vieler virtueller Realitäten – Möglichkeiten, die von der genialen Schriftstellerin Woolf wahrgenommen, erfasst und verstärkt werden. In ihrer Untersuchung von Woolfs Briefwechsel legt Catharine Stimpson dar, dass das Genre des Briefwechsels sehr spezifisch ist und am ehesten als ein Zwischenraum definiert werden kann, der das Öffentliche und das Private zusammenbringt. Insofern besitzen die Briefe einen fließenden Charakter, der es den Leser*innen erlaubt, einen Blick auf den flüchtigen Zustand des schriftstellerischen Geistes zu erhaschen. V&V verschriftlichen die Erlebte Rede mit zunehmender Intensität. Zudem sind die Briefe ein interaktiver Austausch, der einen intersubjektiven Raum mit Woolfs (bevorzugter) Gesprächspartnerin herstellt. Der Raum der Briefe bildet ein Dazwischen, eine dritte Partei, die nicht gänzlich mit Virginia oder Vita koinzidiert, sondern eher den Raum ihrer Beziehung einrahmt. Mit Deleuze gelesen sind die Briefe ein Raum des Werdens. Mit Irigaray gelesen sind sie ein Raum der Vermittlung der Liebe zwischen ihnen. Mit Glissant gelesen sind sie eine Poetik der Beziehung. Als vermittelnder Faktor strukturieren sie Raum und Zeit und ermöglichen somit jeder Partnerin, die Beziehung als einen Raum des Übergangs zu pflegen. Virginia und Vita »schreiben« sich gegenseitig in ihre Leben hinein und erschaffen zugleich einen weiteren Raum. Sie entwerfen einen Raum des Fließens und des Werdens, ein Spinnennetz und Rhizom, mithilfe einer Reihe von Korrespondenzbeziehungen, die sich in einem gemeinschaftlichen und doch flüchtigen Kommunikationsraum abspielen. Das heutige Äquivalent wären Emailwechsel.

Hermione Lee legt dar, dass in der Beziehung V&V »(auf beiden Seiten) mehr verlangt wurde, als gegeben werden konnte«[18] und dass sie sich in ihrem intensiven Austausch gegenseitig vorgestellt und erfunden haben. Sie schreiben der jeweils anderen eine dramatische Rolle zu, die ihr Schreiben nährt:

> »Virginia war das Irrlicht, die Invalide, die zarte Jungfrau, das ›Gossenkind‹ oder der ›Kümmerling‹, die Puritanerin [...] Vita war die reiche, geschmeidige, luxuriöse, rotwangige, blühende, dunkle, kecke, weinselige, leidenschaftliche, ausschreitende, abenteuerlustige Weltenbummlerin; aber auch etwas schweigsam, schwerfällig, ein ›Esel‹. Virginia hatte den Kopf; Vita hatte die Beine.«[19]

Diese Fantasiegebilde waren ihr Weg zu Intimität. Keine Metapher, sondern vielmehr eine vitale Form von Verwörtlichung [*literalness*]: Begriffspersonen, die aktiviert und intensiviert werden. Die intensive und tiefe Empfindsamkeit, die in diesen Briefen ausgedrückt wird, eröffnet einen Raum der Freiheit, der es ermöglicht, sowohl mit verschiedenen Schreibtechniken als auch mit komplexen Emotionen und Überresten von Spiritualität zu experimentieren. Diese Briefe, schreibt Stimpson:

> »[...] befinden sich in einem psychologischen und rhetorischen Zwischenraum zwischen dem, was sie [Virginia] für sich selbst schrieb und dem, was sie für ein allgemeines Publikum verfasste. Sie sind eine brillante und schillernde Enzyklopädie des Halb-Ausgesprochenen. [...] Sie betreffen soziale Welten, die sie brauchte und wollte. Sie bilden eine Autobiographie ihrer selbst im Verhältnis zu Anderen – als Bürgerin/Einwohnerin von Beziehungen.«[20]

Aus ihrer Verbundenheit, der geistigen Verwandtschaft, dem Band der *potentia* und der Anerkennung zwischen den beiden – all dies begriffen als eine komplexe Mannigfaltigkeit – entsteht der Rahmen für die Affirmation der freudvollen Potenz des Begehrens.

Dieser hohe Grad an Intensität ist umso erstaunlicher, wenn man bedenkt, dass die tatsächlichen V&V im wirklichen Leben weit von den Lebenskräften entfernt waren, die sie dann gemeinsam entwickeln konnten. Mit ihrem fragilen Körper und ihrem noch viel verletzlicheren psychischen Gleichgewicht konnte Virginia die Intensität der Kräfte kaum ertragen, die sie registrierte, wachrief und dokumentierte: Sie lebte am Abgrund. Und was Vita betrifft, formulierte Virginia mit der entwaffnenden Grausamkeit ihrer überlegenen Intelligenz:

> »Die Sache, die ich zentrale Transparenz nenne – läßt Dich manchmal auch da im Stich. [...] In Dir ist etwas, das nicht vibriert: Vielleicht mit Absicht – Du läßt es nicht: aber ich sehe es auch im Umgang mit anderen Leuten, nicht nur mit mir: etwas Reserviertes, Gedämpftes – weiß Gott was.« (10.11.1926)[21]

Dass sie damit einen Nerv traf, bezeugen Vitas Bemerkungen in Briefen an ihren Ehemann Harold Nicolson:

»Verflucht sei diese Frau, sie hat ihren Finger darauf gelegt. Da ist etwas, [...] das nicht lebendig ist. [...] Dadurch wird alles, was ich schreibe, etwas irreal; und wirkt, als wäre es von außen gemacht. [...] Es ist genau das, was mich als Schriftstellerin verdirbt; mich als Dichterin zerstört [...] Es verdirbt auch meine Beziehungen zu Menschen.« (20.11.1926)[22]

Doch diese fundamentale Undurchdringlichkeit von Vitas Seele wird durch eine weibliche Großartigkeit kompensiert und getragen, die ihr innewohnt:

»Vita sehr frei & entspannt, bereitet mir immer ein großes Vergnügen, wenn ich ihr zusehe, & erinnert mich an das Bild eines Schiffes, das dem Meer trotzt, edel, großartig, alle Segel gehißt, & in goldenes Sonnenlicht getaucht.« (04.07.1927)[23]

Eine deleuzianische, feministische Leser*in könnte die affektiven Kräfte kartieren, die die Begegnungen zwischen V&V gestalten, und die sowohl in den Tagebüchern und Briefen (Literatur und Erinnerungen) als auch in der Belletristik (Literatur und Fantasie) geschildert werden. Erneut möchte ich auf die a-persönliche Natur des hier wirkenden Begehrens eingehen: Das Begehren fällt keineswegs mit den individuellen Biographien der Protagonistinnen zusammen. Im Gegenteil, es erschafft sich aus sich selbst heraus neu, denn die beiden Frauen schreiben ihre Leben gegenseitig um und greifen energisch in deren Verlauf ein. V&V investieren enorm viel Erinnerung und Fantasie in den Raum ihrer Begegnung; etwas das die Wurzeln ihrer verkörperten Genealogie aufruft, aber auch über sie hinausweist: ein Anders-Werden.

Der am häufigsten wiederkehrende Affekt, den Woolf aus ihrer geometrisch-geologischen und kosmischen Wertschätzung von Vita zieht, sind Bilder von Glanz und Vitalität – wie das delphinische Strahlen, das rosa Glühen und die Perlen –, die in ihrem gesamten Schreiben systematisch wieder auftauchen. Vita erschafft ein Diagramm, das Kräfte äußerster Intensität enthält: eine Eigenschaft von Licht, gepaart mit einem Intensitätsgrad, der mal ein Begehren, mal schallendes Gelächter hervorruft. Vita wird zu einem Faktor, durch den der Puls des Lebens und die aufkommenden Möglichkeiten eine Beschleunigung erfahren, wie das Flügelschlagen kurz vor dem Abheben vom Boden. Sowohl physisch als auch im Schreiben repräsentiert Vita das Frau-Werden von Virginia Woolf nicht bloß, sondern sie setzt es in Kraft und organisiert es. Ein Frau-Werden, Tier-Werden, das eine deutlich maritime Eigenschaft an sich hat; so allgegenwärtig sind die Bilder der Fluidität, des Fließens, von Wellen und Meerestieren. Es kennzeichnet ein wesentliches Moment in Woolfs Wettlauf gegen die Zeit, gegen das »Unwahrnehmbar-Werden«, und schafft einen Raum, in dem sie endlich schreiben kann. So erklärt sich auch die Wichtigkeit des nicht funktionalen, a-persönlichen Raumes des Schreibens als eine Art Startrampe, etwas, das die Schriftstellerin an- und vorwärtstreibt, eine legale Sucht, die die notwendige Beschleunigung des Lebens mit sich bringt. Dieser »Schub« konstruiert zugleich das Feld des Werdens und den Raum für das schriftstellerische Werk. Dementsprechend erfordert das Kräftegefüge, das das Orlando-Werden von Vita auslöst, eine sorgfältige Phase der Komposition von Kräften, die das Frau-Werden von Virginia und das Lesbisch-Werden der beiden V&V durchdringen – aber nur um fortzuschreiten und das Werden aufrechtzuerhalten, bis zur letztendlichen Anerkennung des Bandes zu Vita als eine unwahrnehmbare und allumfassende Lebenskraft. Zwischen ihnen bildet sich ein Muster der Deterritorialisierung heraus, das parallel zu und in und aus ihren jeweiligen und wechselseitigen Existenzen verläuft, sich allerdings nicht auf sie beschränkt.

Es wird eine freudige und überragende Leidenschaft gewesen sein – wenn auch nicht gänzlich nur Virginias, Vitas, meine oder deine. Du kannst nicht deine eigene »Immanenzebene« entwerfen und forthin an ihr festhalten. Du kannst nur gemeinsam mit anderen an der Komposition einer solchen teilnehmen. Du rennst nicht mit Woolf allein: Frauen, sogar Virginia Woolf selbst, müssen lernen, mit anderen Wölf*innen zu rennen. Inwieweit sie das schaffte oder nicht, wirft die Problematik der Nachhaltigkeit auf, doch kann eine solche Frage nicht in Isolation geklärt werden. Sie ist Gegenstand von Aushandlungen, Dosierungen und Justierungen, die nur auf interaktive Weise stattfinden können. Diese kennzeichnen den Ort der Begegnung. Das »zu-viel-Sein« und von daher auch die Frage nach Grenzen sind im Vergnügen wie im Schmerz gleichermaßen entscheidend. Das Dosieren und zeitliche Abstimmen zu lernen, ist die Alchemie einer gelungenen Beziehung. Auf dem Spiel steht hier der Erfolg der jeweiligen Leben und Lebensprojekte sowie die wechselseitige Erfüllung der Beteiligten. Wenn eine Ebene immanenten Werdens gebildet wird, ist stets eine ganze Welt daran beteiligt. Wenn »eine« bereits eine vielfältige, komplexe und entpersonalisierte Entität ist, dann ergibt »zwei« schon eine ganze Menge.

Die wirkliche Vita begreift diese gegenseitige Abhängigkeit, so wie sie von Beginn an die überlegene literarische Genialität ihrer Freundin anerkannte. Nach der Lektüre von *Orlando*, für das sie das Vorbild ist, gelingt es ihr im Grunde nicht, mit dem Schock umzugehen:

»[…] daß Du ein so glanzvolles Gewand über einen so armseligen Kleiderhaken gehängt hast. […] Außerdem hast du eine neue Form des Narzißmus erfunden – muß ich gestehen – ich habe mich in Orlando verliebt – das ist eine Komplikation, die ich nicht vorhergesehen hatte.« (11.10.1928)[24]

Das Leben, das Virginia in ihr sieht, ist etwas wonach Vita selbst verzweifelt strebt. Dabei geht es nicht um Selbstverliebtheit – eigentlich ist es eine Sehnsucht seitens Vita nach dem Potenzial, das allerdings weniger in ihr selbst als in der Begegnung zwischen ihr und Virginia liegt. Zugleich ist es die leicht beschämte Anerkennung ihrer eigenen Grenzen: (*Ich bin gar nicht so gut, wirklich!*) und die dankbare Anerkennung für das, was sie der leidenschaftlichen Steigerung des in ihr pulsierenden Lebens durch ihre Geliebte verdankt (*Ich bin dir so dankbar, dass du das in mir gesehen hast!*).

Mit anderen Worten schafft es das Verhältnis zwischen dem, was in der Psychoanalyse die empirische Ebene genannt wird (die wirkliche Vita), und ihrer symbolischen Repräsentation (die Hauptfigur in *Orlando*) nicht mehr, der intensiven Transformation Sinn zu verleihen, die um das von V&V aktivierte Kräftefeld herum stattfindet. Das liegt aber nicht an der empirischen Psychologie der beiden Frauen; und auch der psychoanalytische Begriff der Identifikation wird dem Austausch zwischen diesen beiden kraftgeladenen Subjekten nicht gerecht. In ihrem Werden geht es nicht darum, sich auf die Autorität vergangener Erfahrungen oder die Stabilität geteilter Grundlagen zu besinnen und ihnen treu zu bleiben. Sie erfinden gemeinsam das Werden in dem Raum, der durch ihre Begegnung gestaltet wird. Sie erfinden es aus den flüchtigen, zahlreichen und inkohärenten Erfahrungsströmen jeglicher Arten, Geschwindigkeiten und Intensitäten und schaffen so

Räume, in denen Wandel stattfinden kann. Das Leben, das zwischen V&V strömte, war sicherlich ein intensiver und beschleunigter Raum des Werdens.

Ethik der Nachhaltigkeit, Politik der Affirmation

> Das Fleisch ist nur das Thermometer eines Werdens. Zu zart ist das Fleisch. Das zweite Element ist weniger der Knochenbau als das Haus, das Gerüst. Der Körper entfaltet sich im Haus.
>
> Gilles Deleuze, Félix Guattari *Was ist Philosophie?*[25]

Im Aufriss einer Ethik freudiger Affirmation ist das Dilemma klar. Man schwankt zwischen freudigen und negativen Leidenschaften, zwischen Befriedigung und Unmut, zwischen Dankbarkeit und Neid. Letztendlich entscheidet sich Vita für die ethische Option, da sie negative in freudige Leidenschaften umwandelt und einwilligt, sich auf den Prozess alchemistischer Transformation ihres eigenen Lebens und Bildes einzulassen, den Virginia in Gang gesetzt hat. Auch Vita rennt oder heult mit der Wölfin. Hier ist eine Transzendenz negativer in freudige Leidenschaften gefordert, eine qualitative Transformation potenziell destruktiver Gefühle wie Konkurrenz, Eifersucht und Neid. Ohne eine solche alchemistische Verschiebung ist kein Affekt nachhaltig. *Potentia* kann nur andauern, wenn sie positive und lebensbestärkende Resonanz erhält. Und V&V wollen beide, dass ihre Leidenschaft andauert, denn sie verleiht ihren Leben Intensität und zusätzliche Bedeutung. Aus ihr heraus entstehen auch – nicht nach profitorientierter Maßgabe – Bücher, die im Gegenzug Bestand haben werden.

Mit anderen Worten, unsere Affirmation des Leben, das uns durchzieht, ist materiell verkörpert und in die Singularität unseres leibhaftigen Selbst eingebettet. Doch ist diese einzigartige Entität kollektiv bestimmt, interrelational und äußerlich: Sie ist unpersönlich und doch höchst einmalig, da sie durchkreuzt wird von vielerlei Art »Begegnungen« mit anderen, mit vielfältigen kulturellen Kodes, Versatzstücken und Datenschnipseln des klebrigen sozialen Imaginären, die das Subjekt buchstäblich zusammenkleistern und somit, zumindest für einen Moment, konstituieren. Dabei handelt es sich nicht um ein atomisiertes Individuum, sondern um ein vorübergehendes Moment in einer Kette des Seins, das die Instanz der Individuation durchläuft, dort aber nicht verharrt; es zieht in vielfältigen Werden nomadisch weiter: *zoe* als unerschöpfliche Vitalität.

Wenn wir, Virginia Woolf folgend, fluide Identitäten nicht nur in räumliche Begriffe fassen, sondern sie auch zeitlich als Momente des Seins entwerfen, erscheint die Kohärenz und Einheit des Selbst als ein Resultat von Wiederholung oder orchestrierter Wiederkehr. Virginia Woolf weiß dies nicht nur intuitiv, sondern auch, weil ihr ihre eigene Psychopathologie die Augen für die Zerbrechlichkeit des Lebens öffnet. Sie war gezwungen, ein Gleichgewicht zu finden und etwas Stabilität in der kräftezehrenden Achterbahn ihres verkörperten, schwankenden Selbst. Beziehungen, vor allem die lebenslange Liebe zu Vita, stimulierten und stabilisierten sie zugleich: Punkte, an denen sich das Leben in einer Weise niederschlug, die innere Katastrophen hervorrufen konnte (starke Leidenschaften, unerfüllte Begehren, Eifersucht usw.), aber ebenso Punkte der Harmonie, die das Glück beständiger Intensität nach sich ziehen konnten.

Momente: Raum-Zeit-Zonen, Schrittmacher, die flüchtig und kontingent sind. Sie sind jedoch gerade ausreichend, um Virginia durch den Tag zu bringen, durch das nächste Buch, den vorletzten Tagebucheintrag, den letzten Brief an Vita. Immer gerade genug... bis zu dem Moment, an dem sie es nicht mehr aushält und beschließt, in ihr fließendes Element zurückzukehren und sich zu ertränken. Flüssigkeit und Fluidität sind von ihr zu mehr als einem Stil gemacht worden und waren ihr Modus für Beziehung. Diese Vorliebe, diese fließende Interaktivität ist der Stoff aus dem Kohärenz gemacht werden kann – so wir denn unter Kohärenz nicht die despotische Unverrückbarkeit eines opportunistischen Selbst oder die hierarchisch bestimmte Umsetzung moralischen Handelns verstehen. Kohärenz ist Gegenstand nachgängiger, äußerer, relationaler und vorübergehender Synchronisierungen. Unsere Fähigkeit, uns an Kohärenz zu erinnern und sie als einen einheitlichen Block zu rekonstruieren, ist der notwendige, wenn auch wahnhafte Ausdruck einer Sehnsucht nach Einheit, das heißt nach Selbstgegenwärtigkeit, zu der die Menschen heute keinen Zugang haben (und vielleicht nie hatten). Das molare Gedächtnis macht uns glauben, das Selbst sei eine lineare, selbstgegenwärtige Entität. Wohingegen ein molekulares, nomadisches Gegen-Gedächtnis weiß, dass dies nicht der Fall ist. »Ich werde es gewesen sein« ist der Modus, der am besten die Unpersönlichkeit und paradoxerweise ebenso die tiefe Treue des Ichs zu sich selbst ausdrückt – ein Ich, das andauert, das schmerzvoll und freudvoll weitermacht. Die Fähigkeit Anzudauern ist eine kollektive Fähigkeit, die geteilt werden muss. Sie wird durch Narrative, Geschichten, Austausch, geteilte Emotionen und Affekte zusammengehalten. Sie ist nicht mit sich selbst deckungsgleich, noch garantiert sie die Selbsterhaltung. Sie ist ein Moment in einem Prozess des Werdens; wie Virginia Woolf schreibt: »Aber wenn wir dicht beisammen sitzen [...] verschmelzen wir miteinander durch Phrasen. Wir sind von Dunst umrandet. Wir bilden ein ungreifbares Gebiet.«[26]

Diese Transformationsprozesse des Selbst durch eine andere Person, die in uns eine Metamorphose unserer selbst auslöst, sind uns allen geläufig und fast selbstverständlich. Doch das ist genau der Punkt. Was hier passiert, ist eine tatsächliche Neuverortung der Funktion des Subjekts dadurch, dass Erinnerung und Vorstellungskraft miteinander verschmelzen und eine Lebenskraft hervorbringen, die auf Wandel zielt.

Wie der Fall von V&V zeigt, liegt das ethische Moment jedoch nicht so sehr im asketischen Rückzug aus der Welt der Negativität, aus der *potestas* mit ihren schnellen und kurzlebigen Blitzerfolgen. Es liegt vielmehr im Akt des Transzendierens der Negativität an sich, wodurch sie in etwas Positives umgewandelt wird. Dieser Wandel ist nur möglich, wenn man weder über sich noch über andere Gericht hält, sondern wenn man anerkennt, wie schwierig es ist, sich nicht dem paranoid narzisstischen Drehen um sich selbst hinzugeben. In der Tat, kann nur am Punkt, an dem das »Selbst« in äußerster Not ist, die Transformation von Negativität unternommen werden.

Diese Anstrengung verlangt Ausdauer – ein bisschen Schmerz, ein bisschen Zeit –, bedarf aber ebenso einiger Kreativität, da man genau das liefern muss, worüber man nicht unmittelbar verfügt: freudige Leidenschaften. Sie müssen hergestellt werden durch geduldiges Kultivieren *von* und Bemühungen *um* jene Interaktionen mit anderen, die produktive, ethische Beziehungen erzeugen werden. Affirmation, das Ergebnis des Umwandlungsprozesses negativer in freudige Leidenschaften, ist essenziell und intrinsisch ein Ausdruck von Freude und Positivität und somit konstitutiv für die *potentia* des Subjekts. Jedoch ist dieses Potenzial etwas Virtuelles, das unter sehr konkreten, verkörperten Ausdrucksbedingungen materialisiert werden muss. Diese Bewegungen und die Masse an Affektivität zustande zu bringen, ist für den Werdensprozess als eine Form von Aktualisierung entscheidend. Das ethische Moment besteht darin, das Schamgefühl oder ethische Unwohlsein zu überwinden, das die Anerkennung der intrinsisch negativen Struktur unserer Leidenschaften kennzeichnet. Anders ausgedrückt, besteht der ethische Akt darin, das paranoid narzisstische Ego aufzugeben und stattdessen ein nach vorne offenes und in Beziehungen befindliches Selbst zu errichten.

Die Stärkung der positiven Seite ist Kennzeichen des ethischen Moments der Transformation, der Umkehr der negativen Dialektik und ihrer ewigen Wiederholungen, der Transzendenz des eigenen darbenden Egos. Dem Prozess, durch den die Wandlung stattfindet und der weder schmerzlos noch selbstverständlich vor sich geht, kommt das größte Gewicht zu. Daher erklärt sich auch die Bedeutung von Literatur, Kunst, Theater, Musik und Film. Sie erfüllen nicht nur eine rein illustrative Funktion, sondern sind das bevorzugte Anwendungsfeld für die Art konzeptueller Kreativität, die Deleuze gerne am Werk sehen würde – auch in der Philosophie. Was als Ergebnis dieses Prozesses seinen Ausdruck findet, ist eine Affirmationskraft, ein Potenzial zu Freude, die über die metaphysische Trennung geschlechtlicher oder anderer Formen der Unterscheidung hinausgeht. Und doch erfordert die Affirmation dieser Lebenskraft den Prozess des Frau-Werdens als unhintergehbaren und unvermeidlichen Ausgangspunkt. Sie verlangt ihn von V&V, so wie sie ihn von Deleuze verlangt und tatsächlich auch von jeder Leser*in.

Paradoxerweise verlangt dies aber auch die Anerkennung der Unpersönlichkeit der vielen Kräfte, aus denen wir gemacht sind. Sie aufrechtzuerhalten, um während der positiven Wandlung anzudauern, bildet das zentrale politische und ethische Anliegen einer Übergangsepoche wie der unseren. Angemessene Repräsentationen für diese Prozesse zu finden, ist für alle denkenden Wesen eine Herausforderung, der wir bestenfalls nicht mit Kritik begegnen, sondern mit dem Mut zu Kreativität. Dieses Wagnis birgt jene Art kognitives und affektives Stottern, das alle Unsicherheiten einreißt und die Wahrnehmungsschleusen hin zu vielfältigen Strängen unerwarteter Möglichkeiten öffnet. Veränderungen dieser Größenordnung kennzeichnen qualitative Verschiebungen und interne Formen von Mobilität. Sie können jederzeit auftreten und überall dort, wo Subjekte zu Ereignissen oder Gefügen werden. Dann schlägt Virginias Woolfs Falter mit den Flügeln und das »Leben« stürmt mit intensiver, zeit- und endloser Vitalität auf dich ein.

Postgender? Intensives Genre

Leben (*bios/zoe*) ist nicht mit einem Markennamen oder Preisschild versehen. Es verläuft nicht innerhalb der Beschränkungen eines phallogozentrischen Bedeutungsschemas, das sein altes Narrativ auferlegt: Begehren als Mangel; Alterität als Negativ; die Bürde des Seins, das mit dem Bewusstsein koinzidiert. Nichts davon trifft noch zu. Die Psychoanalyse kann diesen ganz konkreten und höchst einmaligen Werdensprozessen nicht mehr gerecht werden. Wir tun besser daran, V&V als einen transversalen Werdensblock zu betrachten, als eine Ebene für die Verwirklichung von Kräften, die die beiden transzendieren und dennoch ihre Präsenz und Nähe zueinander erfordern, um aktualisiert zu werden – Kräfte, die konzentriert und fokussiert sind, in dem Raum zwischen ihnen aktiviert werden und auf das Einlösen ihrer eigenen *potentia* abzielen. Diese Kräfte sind die Beschleunigungen reinen Werdens.

Hier spielen drei Konzepte eine wesentliche Rolle. Das erste betrifft die Irrelevanz der Kategorie »gleichgeschlechtlich« für die Beschreibung der komplexen und vielfältigen Affekte, die aus der Beziehung zwischen zwei menschlichen Wesen entstehen. Virginia und Vita mögen vielleicht zwei morphologisch und empirisch verkörperte Subjekte sein, doch ist der Raum des Werdens, der sie verbindet, komplex, mannigfaltig und vielschichtig. Ein polymorpher und hoch sexualisierter Text wie *Orlando* ist das beste Manifest dafür. Die homophobe Annahme, dass gleichgeschlechtliche Beziehungen Fusion und Konfusion verursachen, da sie angeblich nicht in der Lage sind, ausreichend starke Alteritätsgrenzen zu etablieren, wird durch die Erfahrung höchster Singularität und intensiver Bestimmtheit in der Begegnung von Virginia und Vita schlicht widerlegt. Der Umstand, dass V&V in die Kategorie geschlechtlicher »Gleichheit« fallen, ermutigt sie, hinter die irreführenden Aspekte jener Identität zu blicken, die sie vermeintlich teilen, die der »Frau«. Die Ausweitungen der Differenzen zwischen Frauen sowie der Differenzen innerhalb einer jeden werden in den Ergebnissen und Erzeugnissen ihrer Beziehung ganz offensichtlich, sei es in der von ihnen verfassten Literatur, sei es in den vielen sozialen, kulturellen und politischen Projekten, an denen sie teilnahmen. Dazu gehören die Ehe, Elternschaft, politischer Aktivismus, soziale Kontakte, Kampagnen, publizistische und verlegerische Arbeit, Gärtnern sowie Freundschaften, Vergnügen und harte Arbeit.

Virginia und Vita schlagen ein ethisches Modell vor, in dem das Spiel um Gleichheit-Differenz nicht nach der Dialektik von Männlichkeit und Weiblichkeit ausgerichtet wird. Vielmehr bildet es einen aktiven Raum des Werdens, der neue Bedeutungen und Definitionen produziert. In diesem Sinne lobt Irigaray die spezifische Instanz weiblicher Homosexualität als ein Moment von starker symbolischer Bedeutung für die Bestätigung eines weiblichen Selbstwertgefühls. Dieser primäre Narzissmus, diese Liebe zu sich selbst, so wie sie sich in den Augen einer morphologisch »Gleichen« widerspiegelt, ist der frühen Irigaray zufolge eine notwendige Vorbedingung für die Affirmation einer positiven Differenz, welche den symbolischen Schaden wiedergutmacht, unter dem Frauen in einem phallogozentrischen System gelitten haben. Dies ist kein Essentialismus, sondern vielmehr ein molekularer, transversaler Raum der Bildung kollektiv aufrechterhaltener Mikrosingularitäten.

Mit anderen Worten: Sexualität deterritorialisiert und dekonstruiert das Geschlecht der Menschen, die sie in einen Werdensprozess einbezieht. Das Gefüge, das sich aus V&V als Werdensblöcke zusammensetzt, ist postgeschlechtlich aber nicht jenseits von Sex – es ist tief in Sexualität eingebettet und kann am besten im Zusammenhang mit neo-vitalistischen Politiken verstanden werden. Hier taucht eine wichtige Frage auf: Was passiert mit Geschlecht, wenn Sexualität nicht auf gegensätzlichen Termen basiert? Was passiert, wenn es Sexualität ohne die Möglichkeit heterosexueller oder homosexueller Vereinigung gibt?[27] Dann entsteht vitalistische Erotik, die intensive Deterritorialisierungen, ungesunde Allianzen, hybride Fremdbefruchtungen, produktive Anomalien und erzeugende Begegnungen umfasst.

Zu meiner zweiten Bemerkung: Das Verschwinden fester Grenzen zwischen Selbst und Anderen – in Liebesbegegnungen, intensiver Freundschaft, geistiger Verwandtschaft und in eher alltäglichen zwischenmenschlichen Verbindungen – ist die notwendige Prämisse für die Erweiterung der eigenen Wahrnehmungsfelder und der Fähigkeit, Erfahrungen zu machen. Im Vergnügen wie im Schmerz einer zugleich säkularen, spirituellen und erotischen Begegnungsform koinzidiert die Dezentrierung und die Öffnung des individuellen Egos nicht bloß mit dem Austausch mit anderen Menschen, sondern auch mit der Steigerung der Intensität dieses Austauschs. Darin zeigen sich die Vorteile einer nicht-unitären Subjektauffassung. Eine Entpersonalisierung des Selbst durch die Geste alltäglicher Transzendenz des Egos ist eine verbindende und bindende Kraft, die das Selbst mit übergreifenden inneren und äußeren Beziehungen verknüpft. Eine isolierte Auffassung des Individuums ist hingegen ein Hindernis für einen solchen Prozess.

Mein dritter Kommentar nun bezieht sich darauf, dass solche Konstellationen aus Verbindungen und Begegnungen ein Projekt darstellen, das aktive Einbindung und Arbeit erfordert. Begehren ist nie etwas Gegebenes. Wie ein aus der Vergangenheit vorausgeworfener Schatten ist es vielmehr ein zurückweichender Horizont, der vor uns liegt und auf den wir uns zubewegen. Zwischen dem Nicht-mehr und dem Noch-nicht folgt das Begehren der Spur möglicher Muster des Werdens. Diese überschneiden sich mit Sexualität und mobilisieren sie, erschöpfen sich aber niemals darin. Sie konstruieren Raum und Zeit und gestalten somit mögliche Welten, indem sie die Entfaltung intensivierter

Affekte erlauben. Das Begehren skizziert die Bedingungen für die Zukunft, in dem es die Gegenwart in den Fokus rückt vermittels des unvermeidlichen Zufalls einer Begegnung, eines Schwalls,[28] einer plötzlichen Beschleunigung, die einen Punkt kennzeichnet, an dem es kein Zurück mehr gibt. Das kannst du Verliebtheit nennen, wenn du willst, aber nur, wenn du auch in der Lage bist, den Begriff aus der sentimentalen Banalität zu retten, in die ihn die kommerzielle Kultur eingesogen hat. Und selbst wenn es sich nun um Verliebtheit handelt, dann ist sie von dem menschlichen Subjekt losgelöst, das fälschlicherweise für das Ereignis verantwortlich gemacht wird. Hier ist Liebe eine intensive Begegnung, die die schiere Eigenschaft des Lichtes und die Gestalt der Landschaft in Bewegung versetzt. Deleuzes Bemerkung über den Heuschreckenschwarm, »der um fünf Uhr nachmittags vom Wind herbeigeweht wird«,[29] erinnert an die Beteiligung nicht-menschlicher, kosmischer Elemente in der Schaffung eines Raumes des Werdens. Hieraus lässt sich schließen, dass Begehren ein gesamtes Territorium gestaltet und somit nicht bloß auf die menschliche *Persona* beschränkt werden kann, die es umsetzt. Wir benötigen eine post-anthropozentrische Theorie des Begehrens und der Liebe, um der Komplexität von Subjekten des Werdens gerecht zu werden.

Mein letzter Punkt betrifft die Besonderheit des intensiven Genres und seiner Relevanz als analytisches Werkzeug, mit dem wir die ethischen Wirkungen von Texten beurteilen können, unabhängig von ihren formalen Charakteristiken und ihrer Kategorisierung als entweder wissenschaftlich, künstlerisch, philosophisch oder etwas anderes. Wie Deleuze und Guattari in ihrer Analyse von Virginia Woolf argumentieren, ist es das Ausdruckspotenzial des Textes was zählt, das heißt die transversale Kraft eines intensiven Genres, das solche Kategorien verschiebt. Anstelle dieser Kategorien verlangt das Genre eine Ethologie der Kräfte als ein Verweissystem darüber, was ein Text hinsichtlich von Affekten, Konzepten und Perzepten mobilisieren und verwirklichen kann.

Vita wird diesem Prozess der intensiven Deterritorialisierung gerecht, indem sie akzeptiert, eine andere zu werden und sich in beeindruckender Großzügigkeit mit ihrem eigenen Spiegelbild auseinandersetzt. Die nomadische Prophezeiung erfüllend, wird sie letztendlich ihre eigene Begriffsperson: So wird sie zu einer bloßen Leserin und begreift sich nicht als die Hauptdarstellerin im Prozess des Orlando-Werdens. Als Aristokratin und selbst gefeierte Schriftstellerin, verlangte ihr diese Verschiebung einiges an Demut und Flexibilität ab – Eigenschaften, die bekanntlich nicht zu Vitas Stärken gehörten. Und doch bewies sie überraschende Anpassungsfähigkeit. Sie ließ ihren Narzissmus verwöhnen: »Ich liebe mich als Orlando!«, ließ ihn aber gleichzeitig auch zertrümmern – und zwar nicht nur im Sinne von: »Ich werde niemals so faszinierend und komplex wie Orlando gewesen sein«, sondern auch im Sinne von: »Orlando ist die literarische Schöpfung einer Frau, die eine viel größere Schriftstellerin ist, als ich es jemals sein werde!«

Vitas beschämte Anerkennung ihres Scheiterns und nicht die jubelnde Geltendmachung ihres Triumphs, öffnet der hereinströmenden Intensität die Schleusen, die die Begegnung von V&V prägt. Der Moment negativer Leidenschaft (Neid, Ressentiment, das Gefühl der Enteignung) ist das Vorspiel für die ethische Geste, zu der auch das Überwinden der Negativität gehört sowie das Akzeptieren der Verschiebung des Selbst durch die Wirkung einer so nahestehenden Anderen. Es handelt sich um ein Aushöhlen des Egos und nicht um seine triumphierende Verherrlichung. Und so ist es das ethische Moment in ihrer Interaktion, das *Orlando* davor bewahrt, ein Akt kannibalistischer Vereinnahmung der Anderen zu sein und das den Text stattdessen zu einer der schönsten Liebesgeschichten aller Zeiten macht. Auf ähnliche Weise ist Virginias Zurückhaltung entscheidend für ihre Fähigkeit, das Leben in Vita auszuhalten, hervorzulocken, aufzuzeichnen und endlos verstärkt wieder zurückzugeben. Darin liegt die Aufgabe der *potentia* und darin liegt die Genialität von Virginia Woolfs Schreiben.

1 George Eliot, *Middlemarch*, übers. von Irmgard Nickel, Köln 2010, S. 280.

2 Virginia Woolf, *Orlando*, übers. von Melanie Walz, Berlin 2015, S. 186 (Übersetzung geändert).

3 Gilles Deleuze, Félix Guattari, *Tausend Plateaus. Kapitalismus und Schizophrenie II*, übers. von Gabriele Ricke und Ronald Voullié, Berlin 1992, S. 357.

4 Die Unterscheidung *potestas/potentia* bezeichnet die Differenz zwischen negativen oder restriktiven Aspekten und positiven oder affirmativen Aspekten von Macht. Diese Unterscheidung ist in neo-spinozistischer, demokratischer, politischer Theorie zum Standard geworden.

5 Moira Gatens, Genevieve Lloyd *Collective Imaginings. Spinoza, Past and Present*, London, New York 1999.

6 Virginia Woolf, *Die Wellen*, übers. von Herberth und Marlys Herlitschka, Frankfurt a.M. 1961, S. 98.

7 Gilles Deleuze, Félix Guattari *Was ist Philosophie?* übers. von Bernd Schwibs und Joseph Vogl, Frankfurt a.M. 1996.

8 Vgl. Keith Ansell-Pearson, *Germinal Life. The Difference and Repetition of Deleuze*, London, New York 1999.

9 Virginia Woolf, *The Diary of Virginia Woolf*, London 1980, zit. nach Gilles Deleuze, Félix Guattari *Tausend Plateaus*, a.a.O., S. 401.

10 Vgl. Jessica Benjamin, *Die Fesseln der Liebe. Psychoanalyse, Feminismus und das Problem der Macht*, übers. von Nils Thomas Lindquist und Diana Müller, Frankfurt a.M., Basel 1993.

11 Vgl. Claire Colebrook, »Introduction« in: Buchanan, Ian; Colebrook, Claire (Hg.) *Deleuze and Feminist Theory*, Edinburgh 2000, S. 1-17.

12 Vgl. Rosi Braidotti, *Patterns of Dissonance. A Study of Women in Contemporary Philosophy*, Cambridge 1991; Dies., *Metamorphoses. Towards a Materialist Theory of Becoming*, Cambridge 2002; Dies., *Transpositions. On Nomadic Ethics*, Cambridge 2006.

13 Vgl. Félix Guattari, *Chaosmose*, übers. von Thomas Wäckerle, Wien, Berlin 2014.

14 Virginia Woolf, *Gesammelte Werke. Tagebücher 3*, übers. von Maria-Bosse-Sporleder, Frankfurt a.M. 1999, S. 88.

15 Ebd., S. 419f.

16 Elspeth Probyn, *Outside Belongings*, New York u.a. 1996, S. 41.

17 Vgl. Elizabeth Grosz, »A Thousand Tiny Sexes. Feminism and Rhizomatics« in: Boundas, Constantin V.; Olkowski, Dorothea (Hg.) *Gilles Deleuze and the Theater of Philosophy*, New York u.a. 1994, S. 187-210.

18 Hermione Lee, *Virginia Woolf. Ein Leben*, übers. von Holger Fliessbach, Frankfurt a.M. 2006, S. 633.

19 Ebd.

20 Catharine R. Stimpson, »The Female Sociograph. The Theater of Virginia Woolfs Letters«, in: Stanton, Donna C. (Hg.) *The Female Autograph*, Chicago u.a. 1984, S. 168.

21 Virginia Woolf, *Gesammelte Werke, Briefe 1*, übers. von Brigitte Walitzek, Frankfurt a.M. 2006, S. 458.

22 Nicolson, Nigel (Hg.) *Vita and Harold. The Letters of Vita Sackville-West and Harold Nicolson*, London 1992, S. 173.

23 Virginia Woolf, *Gesammelte Werke*, *Tagebücher 3,* a.a.O., S. 219.

24 *»Geliebtes Wesen...« Briefe von Vita Sackville-West an Virginia Woolf*, übers. Von Sibyll u. Dirk Vanderbecke, Frankfurt a.M. 1995, S. 283f.

25 Gilles Deleuze, Félix Guattari *Was ist Philosophie?* a.a.O., S. 212.

26 Virginia Woolf, *Die Wellen*, a.a.O., S. 13.

27 Vgl. Patricia MacCormack, *Cinesexuality*, Aldershot 2008. Dies., »Cinesexualität, Zuschauerschaft, Schiz-Flux« in: Stiglegger, Marcus; Ritzer, Ivo (Hg.) *Global Bodies. Mediale Repräsentationen des Körpers*, Berlin 2012, S. 22-30.

28 Im Englischen: flush. Vgl. Virginia Woolf, *Flush. Eine Biographie*, übers. von Klaus Reichert, Frankfurt a.M. 1994.

29 Gilles Deleuze, Félix Guattari, *Tausend Plateaus*, a.a.O., S. 357.